2023 年度湖北省教育厅哲学社会科学研究项目（思想政治理论课）：列宁《俄国资本主义的发展》的汉译传播研究（项目编号：23Z102）
2023 年度湖北省高等学校马克思主义中青年理论家培育计划（第十批）项目：《费尔巴哈论》的汉译传播及其当代价值研究（项目编号：23ZD007）

新时代思想政治教育话语权转型研究

曾艳 | 著

文化发展出版社
Cultural Development Press
·北京·

图书在版编目（CIP）数据

新时代思想政治教育话语权转型研究 / 曾艳著. —北京：文化发展出版社，2024. 12. —ISBN 978-7-5142-4534-9
Ⅰ. D64
中国国家版本馆CIP数据核字第2024YB3872号

新时代思想政治教育话语权转型研究
曾 艳 著

出 版 人：宋 娜
责任编辑：袁兆英　　责任校对：岳智勇
责任印制：邓辉明　　封面设计：中尚图
出版发行：文化发展出版社（北京市翠微路 2 号　邮编：100036）
网　　址：www.wenhuafazhan.com
经　　销：全国新华书店
印　　刷：三河市中晟雅豪印务有限公司

开　　本：710mm × 1000mm　1/16
印　　张：12.5
字　　数：171千字
版　　次：2024 年 12 月第 1 版
印　　次：2024 年 12 月第 1 次印刷

定　　价：79.00 元
I S B N：978-7-5142-4534-9

PREFACE 前言

当今世界格局呈现全球化、网络化发展趋势，我国传统的教育话语势必面临一定的挑战。思想政治教育活动的基本方式之一便是话语表达，不同的国家与地区均对此有不同的解读。西方倡导全球各国家的话语开放，其本质就是在思想交流等口号的掩盖下，通过话语传播、信息传播等优势进行价值输出，从而增强本国在国际上的话语权。正因如此，我们在进行教育活动过程中，应当立足国家意识形态安全、文化安全的视角，构建中国特色的话语体系，在国际上旗帜鲜明地表达我们自己的话语诉求，确保我国主流意识形态再生产的实现。

思想政治教育既要立足我国实际国情，又要放眼世界，同时还要结合网络阵地，才能不断创新工作方式与方法。思想政治教育话语体系是按照一定逻辑关系构成的组合体，不仅需要反映出思想政治教育的基本内核，还要通过媒介载体让内核力量完成“外化”。思想政治教育作为一项系统性工程，各个层次的话语主体需要共同推进，以此满足不同群体对思想政治教育话语信息的要求，即将话语体系转化为同一性。

本书共分为五个章节。第一章概述了思想政治教育话语的概念、新时代思想政治教育话语权的内涵。第二章阐述了思想政治教育话语权的原则、目标与功能。第三章分析了新时代思想政治教育话语权转型的现实语境，包括全球语境、新媒体语境、新时代现实语境。第四章探讨了新时代思想政治教育话语权转型的时代意蕴。第五章从实践角度对新时代思想政治教育话语权转型提出参考性建议，如增强话语主体建设、聚焦话语环境变化、创新话语范型构成、开拓话语行为维度等。

本书在撰写过程中参阅了大量相关资料和文献，同时为保证论述的全面性和合理性，引用了许多专家、学者的观点，在此致以最诚挚的谢意。由于笔者水平有限，书中难免存在不妥之处，恳请广大读者不吝指正。

CONTENTS 目录

第一章　新时代思想政治教育话语权概述 …………………………… 001

第一节　思想政治教育话语的概念 …………………………………… 001

第二节　新时代思想政治教育话语权的内涵 ………………………… 013

第二章　思想政治教育话语权的原则目标与功能 ………………… 020

第一节　思想政治教育话语权的原则 ………………………………… 020

第二节　思想政治教育话语权的目标 ………………………………… 034

第三节　思想政治教育话语权的功能 ………………………………… 049

第三章　新时代思想政治教育话语权转型的现实语境 …………… 063

第一节　全球语境 ……………………………………………………… 064

第二节　新媒体语境 …………………………………………………… 072

第三节　新时代现实语境 ……………………………………………… 084

第四章　新时代思想政治教育话语权转型的时代意蕴 …………… 098

第一节　创新的时代意蕴 ………………………………………… 098
第二节　新时代价值确认 ………………………………………… 128
第三节　体系创新的实践动力 …………………………………… 134

第五章　新时代思想政治教育话语权转型的实践举措 …………… 140

第一节　增强话语主体建设 ……………………………………… 141
第二节　聚焦话语环境变化 ……………………………………… 154
第三节　创新话语范型构成 ……………………………………… 160
第四节　开拓话语行为维度 ……………………………………… 179

参考文献 …………………………………………………………… 194

第一章　新时代思想政治教育话语权概述

第一节　思想政治教育话语的概念

一、思想政治教育话语的概念

（一）思想政治教育话语来自思想政治教育的实践活动

思想政治教育话语只有通过实践活动才能被赋予一定的教育意义，没有思想政治教育实践活动，就不会产生与形成思想政治教育话语。因而，思想政治教育话语不能脱离思想政治教育实践而存在，相反，它是在长期的思想政治教育实践活动中逐步形成与发展起来的。当然，思想政治教育话语现象与思想政治教育话语意识的出现与形成并非同步进行，且后者往往会滞后于前者。一般来说，先有思想政治教育话语现象的出现，然后才逐步形成一定的思想政治教育话语意识。在最初的思想政治教育实践中，其他话语可能被引入思想政治教育领域而成为思想政治教育话语。当然，当其他话语最初应用于思想政治教育实践的时候，还不属于思想政治教育话语。话语游离在思想政治教育领域和其他领域之间，这是思想政治教育话语现象出现的最初形态。思想政治教育话语现象出现以后必须经过一定时间的实践，才能逐渐形成一定的思想政治教育话语意识。从某种程度上讲，思想政治教育话语意识的出现才是思想政治教育话语真正形成的标志。只有思想政治教育产生话语意识，思想政治教育话语才能成为一个相对独立的话语领域。因此，思想政治教育话语与思想政治教育实践并非同步，思想政治教育话语现象与思想政治教育话语意识也非同步同构。思想政治教育话语的产生取决于思想政治教育实践活动，并在这个活动过程中不断寻找自身的定位、价值等。

（二）思想政治教育话语是主体之间信息传递的过程

思想政治教育话语是思想政治教育内容在教育者和受教育者之间进行传播的过程。思想政治教育主题反映了一定社会统治阶级的价值观念等，这些内容需要通过思想政治教育话语来呈现并灌输给受教育者。因此，思想政治教育话语的重要任务就是准确表述思想政治教育内容，能否客观、科学、准确地描述思想政治教育内容直接关系到思想政治教育话语建设的效果。从理论上讲，思想政治教育话语必须全面、准确、客观地描述思想政治教育内容，在任何时期，思想政治教育话语都应该承担思想政治教育内容赋予的使命，这是一个应然诉求。

思想政治教育话语也是教育者和受教育者之间进行信息沟通的系统。思想政治教育内容的传播效果取决于教育者和受教育者之间的话语沟通。思想政治教育本质上说是做人的思想的工作。与人们其他形式的沟通交流和表达方式不同：思想政治教育主要靠灌输、说服、宣传、论辩方式来实现。思想领域中的问题，不能依靠行政命令去强制，而只能通过话语去说服。思想问题十分复杂，因而对待思想的问题绝不能以压制的方式来解决，只能通过话语的沟通、说服等形式来解决。因此，教育者话语和受教育者话语之间能否进行有效沟通，直接影响到思想政治教育话语的形成、巩固、发展。

（三）思想政治教育话语是评价教育活动的重要尺度

思想政治教育话语的评价主要包括：思想政治教育话语对思想政治教育内容、教育者和受教育者的行为、其他社会思潮话语等方面的评价。思想政治教育话语不但能够描述思想政治教育内容，而且还可以评价思想政治教育内容。思想政治教育话语是在通过对思想政治教育内容的评价的过程中不断得到发展的。思想政治教育话语对思想政治教育内容的评价集中体现在两个方面：思想政治教育内容是否能够满足一定社会统治阶级的需要和广大人民群众的精神需求，以及如何处理他们之间的张力问题。马克思指出："统治阶级的思想在每一时代都是占统治地位的思想。这就是说，一个阶级是社会上占统治地位的物质力量，同时也是社会上占统治地位的精神力量。支配着物质生产资料的阶级，同时也支配着精神生产资料，因此，那些没有精神生产资料的人的思想，一般是隶属于这个阶级的。"思想政治教育内容是统治阶级思想的重要体现，能否体现统治阶级的思想是衡量思想政治教育目标的试金石。思想政治教育话语对思想政治教育内容的评价还体现在思想政治教育内容与统治阶级思想之间的张力关系上。一般来说，思想政治教育内容应该充分体现统治阶级的思想，或者与之完全吻合，而不是相反。但是，思想政治教育同时必须成为满足广大人民群众精神需求的重要载体。然而，统治阶级的思想与广大人民群众的需要在一定时期不能够做到完全统一，有时候甚至是相背离的。

对思想政治教育者和受教育者的行为评价是掌握思想政治教育话语权的目标之一。思想政治教育话语的产生和发展受到教育者和受教育者的影响，但它反过来又能够评价教育者和受教育者的行为。在思想政治教育活动过程中，教育者和受教育者的话语存在一定的差异性。思想政治教育话语通过对他们的话语的评价，从而规范和引导他们的话语，尤其是对教育者的话语进行规范。在教育过程中，教育者的话语必须受到一定的约束，否则就容易引起困惑，难以取得预期效果。

只有不断同各种社会思潮交锋、斗争，思想政治教育话语才能不断地发展。对社会思潮话语的评价是思想政治教育话语创新与发展的重要途径之一，也是推动思想政治教育话语发展的重要因素。改革开放以来，由于市场经济等因素的影响，我国出现了多种社会思潮，社会思潮的出现，给思想政治教育带来了挑战，但同时也带来了机遇。在新的历史时期，思想政治教育话语要充分发挥对社会思潮的引领作用，不断坚持马克思主义在思想文化建设过程中的主导作用。对于社会思潮，我们既要吸收其有益部分，又要对其进行批判，这是因为社会思潮话语具有多样性、复杂性，可能会对社会主流意识形态造成影响。对社会思潮的批判，可以帮助人们了解社会思潮的本质，揭示社会思潮话语的本来面目。面对各种社会思潮，我们不能采取完全否定的态度。相反，在某些层面，我们应采取兼容、包容的态度，积极吸取社会思潮的有益部分，为我国的思想文化建设服务。但是，这并不意味着对这些社会思潮采取纵容的态度，任其肆意妄为，如果是这样，社会主流意识形态建设必然会受到一定的影响。思想政治教育话语如果不能够吸收与批判社会思潮话语，就会难以承担捍卫社会主导意识形态的重任。

（四）思想政治教育话语是主导权和引领性的统一

思想政治教育话语既有意识形态的一面，又有非意识形态的一面，这两种性质直接反映出思想政治教育话语的主导性和引领性的区别。思想政治教育具有意识形态的层面占主要地位。意识形态是思想政治教育话语的核心，思想政治教育话语始终受到一定社会的意识形态的主导，这是思想政治教育话语彰显学科特性之处。思想政治教育话语的意识形态性表征为思想政治教育话语必须体现一定时期统治阶级的意志和核心价值观念。对于意识形态方面的思想政治教育话语，我们要毫不动摇地坚持，因为它关系到思想政治教育话语的方向。因此，我们必须坚持马克思主义意识形态话语的主导地位，坚守主阵地，把握思想政治教育话语发展的方向，坚守思想政治教育话语的阶级特性。然而，对思想政治教育话语非意识形态的一面，我们要强调话语的引领性，坚持意识形态话语引领其他非意识形态话语的发展，坚持教育者话语引领、推动受教育者话语的发展。此外，在非意识形态领域，我们必须坚持用思想政治教育话语引领其他话语等。

二、思想政治教育话语的主要形式

（一）思想政治教育话语的文本形式

1.教材话语

思想政治教育理论体系决定思想政治教材话语的发展。思想政治教育理论体系制约教材体系，教材体系反映和支撑理论体系。思想政治教育教材话语主要指高校思想政治理论课的教材话语，还包括一些普通的教材读物、宣传书籍、报纸杂志等。思想政治教育教材话语具有历史性、现实性特征。就历史性而言，思想政治教育教材主要包括长期以来高校思想政治教育活动过程中所编写的一系列教材、宣传书籍等材料，体现了高校思想政治教育话语历史发展进程与脉络，反映革命时期、社会主义建设时期教材变迁与思想政治教育话语的变迁。研究历史性教材话语既可以让我们传承传统思想政治教育教材话语的精神、内容、特色，又可以借鉴在特定历史时期党的思想政治教育话语发展的经验、做法。对不同历史时期的思想政治教育话语建设经验的研究，可以为我们开展思想政治教育活动提供有益的借鉴。

就现实性而言，思想政治教育教材话语主要是指根据社会现实的需要编写的思想政治教育教材，包括“思想政治理论课”教材话语和思想政治教育专业使用的教材话语。研究现实性教材话语对了解党的思想政治教育现实状况，以及马克思主义中国化的最新理论成果具有重要作用。现实教材话语反映了思想政治教育发展的时代之需，通过教材话语可以把握时代之脉搏和政治发展的动态。如科学发展观、和谐社会、建设社会主义核心价值体系、社会主义荣辱观、“中国特色社会主义理论体系”等一系列话语走进教材，使得思想政治教育教材更加生动活泼。

从思想政治理论课的发展历程可以看出，思想政治教育教材内容丰富，形式多样。既有高等教育出版社出版的教材，又有各地方出版社出版的教材，使思想政治教育文本话语更加富有活力和时代性，也使思想政治教育教材话语的内容更加丰富。此外，一些区域性教材的广泛使用，使得话语的变化显得更加多样。

2.理论话语

思想政治教育的理论体系包括教材体系和理论体系。教材体系指思想政治教育学科理论话语，理论体系指思想政治教育理论话语。思想政治教育不仅是一门实践性的学科，而且需要一定的理论基础。思想政治教育作为马克思主义理论一级学科下的二级学科，除了运用马克思主义理论之外，思想政治教育学科也有自身的理论基础，如思想政治教育方法论、思想政治教育环境论、思想政治教育资源论、思想政治教育主导性研究、思想政治教育主体性研究、比较思想政治教育研究等一系列的学科理论，这些理论的有机结合形成思想政治教育理论体系。这些理论体系所产生的话语就是思想政治教育理论话语，理论话语的核心就是学术话语。思想政治教育作为一个二级学科，必然要体现学科性、学术性。学术话语作为研究思想政治教育的话语类型，体现理论性、时代性和前瞻性，本质上也应该属于思想政治教育理论体系话语的范畴。随着思想政治教育的专业化、学科化发展，迫切要从学理上对思想政治教育领域的若干重大理论问题进行描述、阐述、诠释和研究，从而形成思想政治教育学术话语。思想政治教育学术话语作为思想政治教育实践话语的先导，是对思想政治教育实践话语的理论总结，它决定着思想政治教育理论话语的发展方向，具有超前性、学理性、系统性等特征。因此，思想政治教育理论话语和思想政治教育学科话语是有差别的，不能等同或用一方替代另一方，否则会导致思想政治教育学科发展上的混乱。

（二）思想政治教育话语的实践形式

1.宏观实践话语

（1）学校德育话语。学校德育话语也叫学校思想政治教育话语，它是在学校思想政治教育的过程中形成的话语。学生是思想政治教育的对象，也是思想政治教育的一个核心群体。学校思想政治教育话语的特殊性在于它吸收了大量的校园话语。校园话语是学校思想政治教育话语的重要组成部分。学校思想政治教育中的校园话语主要包括教学话语、社团话语、公寓话语、流行话语等。“80后”学生话语、“90后”学生话语、“00后”学生话语等都是思想政治教育话语的主要组成部分，尤其是学生流行的网络话语，“恶搞”话语、“无厘头”话语、“山寨”话语等，都成为学校思想政治教育实践话语的内容之一。

（2）乡村思想政治教育话语。乡村思想政治教育话语是在广大乡村形成的符合农民“习惯”的话语。惯习“暗示人们应该怎样思考和怎样选择，尽管人们在抉择过程中反映出习惯的动作，但惯习往往提供的是原则，人们以此来进行选择能用于社会实践的策略”。乡村也是思想政治教育的重要区域。乡村的思想政治教育既具有优良的历史传统，也有现实的困境，这就要求我们探索符合农民“习惯”的话语。乡村思想政治教育话语的特殊性在于它是扎根于乡村文化基础之上的话语，主要包括那些老百姓喜闻乐见、通俗易懂的乡村规约等。因此，乡村思想政治教育话语必须通俗易懂、深入浅出、一语中的，广大乡村的顺口溜、歌谣、民谣、民俗谚语等，都是思想政治教育话语内容的组成部分。

（3）日常生活话语。思想政治教育话语必须回归生活世界。日常生活话语往往来源于日常语言，“日常语言的用武之地是日常生活。”“生活在流动，我们有了新的知识，新的爱好，这些新知识新爱好又和旧知识旧爱好藕断丝连。一个词语在不同语境中的意义变迁是自然概念的本质而不是偶然具有的一个缺陷。”日常语言具有多变性、不稳定性、不精确性等特点，以致在交往过程中容易产生歧义、混乱和误解。所以日常语言的使用要控制在一定的场域之内，突破了这个场域，日常语言的局限性就会暴露出来。一般情况下，在日常生活领域，日常语言出现的问题可以从日常生活本身中寻求解决办法。

此外，个体话语在日常生活中扮演着重要角色。维特根斯坦指出：“可以把无人理解而只有我‘好像理解’的声音，称为一种‘私人语言’。”按照他的观点，私人语言具有三个基本特征：“一是只有使用这种语言的人才有可能知道这种语言中的词语所指的对象是什么；二是这种语言中的词语所指的私人感觉或内心体验，只能为说这种语言的人所具有，而不能为其他人所具有；三是这种语言是别人无法理解的，因而是不能传达的。”个体话语，一般指个体的言语，或者是个体内心的一种语言，它不是社会性的、共享性的语言。个体话语是个体情感、需要、思维、价值观的表达，也是个体内心的一种体验与感受。由于个体的差异性，不同的个体之间思想与思维也有所不同，个体观念与想法有时候不能够被其他人理解、不能够与其他人分享，因此难以被他人体会。在传统思想政治教育的过程中，个体语言往往被教育者忽略。然而，如果不重视个体话语，将会大大影响思想政治教育的效果。思想政治教育的工作对象是人，但如果忽视了个体的话语，那么主体之间将难以沟通，难以表达真情实感。因此，个体话语是思想政治教育话语回归生活世界不可缺少的“阵地”，重视个体的话语是思想政治教育话语生活化的重要内容之一。

在思想政治教育的过程中，在日常话语、个体话语基础上逐渐形成的日常生活话语也发挥着重要作用。随着思想政治教育生活化趋势，日常生活话语逐渐成为思想政治教育话语群中独立的话语类型。思想政治教育生活化是思想政治教育的一种必然趋势，也是思想政治教育的教育主体多元化的必然趋势，以及教育回归“生活世界”的必然要求。

人民群众在实践中形成的一系列的共同生活话语，主要包括各种习惯、习俗、传说、乡规、叙述等方面的话语。思想政治教育回归生活世界必须研究人民群众的生活话语，并通过一定的程序将其整合为思想政治教育话语生活化的话语内容。在农村进行思想政治教育，离不开对生活话语的运用。老百姓的生活话语具有通俗易懂、生动形象、深入浅出、一语中的等特征，如民间歌谣、社会舆论、顺口溜等往往是老百姓表达的重要形式，是体现老百姓真实想法的话语表达形式，也是思想政治教育生活化"润物细无声"的话语资源。

思想政治教育话语不仅具有政治性，还具有生活性。思想政治教育话语应该包含并不断地整合日常生活中的零碎话语，形成思想政治教育日常生活话语。日常生活话语将极大地拓展思想政治教育话语的内涵，体现思想政治教育话语非意识形态的一面，它将在思想政治教育活动中扮演重要角色，昭示着思想政治教育以促进人的全面发展为旨归。

2.微观实践话语

（1）个体的内心世界。人的内心世界是微观世界中最深奥的领域，是思想政治教育重要的研究领域。在一定程度上说，对人的内心世界的研究是思想政治教育的重中之重。也有人指出，"德育的微观领域，就是指教育者与受教育者的内心世界"，"德育在向宏观领域发展的同时，也必须向微观领域发展。"思想政治教育对微观领域的探索，就是要求我们关注人的内心世界，对人的内心世界的关注可以从一定程度上改变传统宏观的思想政治教育观念。以解释和描述这对范畴为例，在宏观领域，思想政治教育对解释充满高度依赖。然而，对人的内心如何变化、怎么变化、变化成什么程度却缺乏正确的解释，仅仅依靠解释难以准确地掌握人的内心变化的曲线，从而导致解释在微观领域的"隐退"。因此描述逐渐成为思想政治教育微观领域话语的主要表达方式，扮演着极其重要的角色。因此，对人的内心世界的描述，是思想政治教育微观领域话语发展的题中之义。

（2）微观实验领域。现代科学技术的飞速发展，使微观世界可以以不同的形式走进实验室，给人展现一种全新的视觉。微观实验对宏观世界的观念产生了一定的冲击，如在生物实验方面，基因技术的迅猛发展，使人类面临前所未有的道德考量。微观实验领域还对人们的世界观、人生观、价值观产生了重要的影响。微观世界可以导致人们的宇宙观发生根本性变革。在物理实验方面，量子理论、超弦理论也给人一种全新的认识体验，它们对传统的观念具有极大的冲击。在科技革命、信息革命的形势下，思想政治教育向微观领域的发展成为时代的诉求。微观实验世界是思想政治教育话语非意识形态的体现，如果说在宏观领域思想政治教育话语离不开意识形态的研究，那么在微观实验世界里，这种话语则有可能从意识形态的研究中游离出来。微观实验中的话语大多是属于纯粹的描述性话语，作为一种纯粹性的话语描述，它并不需要提供解释，这种情况使微观话语的描述具有一定局限性。

（3）虚拟空间。在网络时代，网络虚拟空间逐渐成为人们一种新的生活方式。比尔·盖茨曾经说过："在未来的10年内大多数美国人和世界上其他国家的很多人将生活在万维生活方式中，对他们来讲，借助于网络获取信息、学习、购物和通信将成为一种习惯。……个人电脑和网络被接受的速度都要比改变了20世纪的那些技术的接受速度快，正像今天发达国家的人们认为电脑和汽车所创造的生活方式是理所当然的生活方式一样，他们不久将会认为因数字技术而产生的新的生活方式——万维网生活方式是理所当然的生活方式。"网络作为一种生活方式，让人们可以找到现实生活中无法找到的生活感觉和生活体验。

网络拓展了思想政治教育的空间。在网络信息化时代，人们在使用网络的过程中创造了大量的网络话语。如今，网络话语是社会话语的重要组成部分，是我们在网络空间开展思想政治教育必须掌握的话语资源。新时代以来，我国不断从网络大国向网络强国迈进，我国的网络基础设施、网络用户总数空前增加。网络的出现大大改变了人们传统的生产生活与学习方式。网络话语的出现，给思想政治教育带来了诸多的挑战，但也给思想政治教育话语的创新提供了机遇。网络信息的去中心化的传播特点，在一定程度上削弱了思想政治教育的影响力，但网络话语作为一种特殊的话语形式，它的出现有利于丰富宏观领域的话语形式等。网络思想政治教育的创新是思想政治教育的必然要求，我们必须与时俱进地采用一种与网络思想政治教育相匹配的话语系统。

（三）思想政治教育话语的社会形式

思想政治教育话语的社会形式就是指思想政治教育话语的社会存在形态。从最广义上讲，思想政治教育话语的文本形式与实践形式都属于思想政治教育话语的社会形式。如果说文本形式与实践形式分别从“说什么”和“怎么说”两个方面解释了思想政治教育话语的外延构成，那么思想政治教育话语的社会形式则是从“为何说”的层面阐释了思想政治教育话语的社会存在意义。思想政治教育话语的社会形式关注的是掌握话语平台、调控话语资源、权力单位、操纵话语运作的阶级集团、教育机构以及职务角色等等，这些主体参与思想政治教育话语的生产、解释与传播的过程，他们都是思想政治教育话语内涵不可分割的组成部分。以此为基础，思想政治教育话语树立了主导意识形态的核心地位，建构了一系列话语平台，并产生了实践话语、学科话语以及其他话语形式。除了理论化的文本话语和话语实践，民族精神、传统美德、良风美俗、道德规约、习惯守则、公义共识等积极因子，也是思想政治教育话语的社会形式。理想、信念、心理与习俗，在思想政治教育的社会话语场中不断润泽着人们的精神世界，引导着人们的行为，并且通过有意识地整合，转化为文本话语，参与实践话语之中，为思想政治教育准备了坚实的社会基础和社会资源。

三、思想政治教育话语的基本内核

（一）宣传话语

所谓宣传话语，就是教育者在宣传活动过程中使用的话语或具有宣传功能的话语。宣传话语是思想政治教育话语最基本的形态，也是最初形态。宣传话语主要包括政治宣传话语、道德宣传话语、思想宣传话语、文化宣传话语等类型。不同的宣传话语有着不同的内涵，包含口头宣传话语和书面宣传话语等。口头宣传话语具有感召力强、时效性强、传播速度快、互动性强等特征，在日常思想政治教育活动过程中具有极为重要的作用。口头宣传话语突出的特征是可以灵活多样地使用地方性话语，适当采用老百姓通常使用的话语、日常生活话语等，口头宣传话语具有很强的地方性特征，尤其是在少数民族地区，如果我们能够灵活运用少数民族语言、民族群众的日常生活话语等，那么宣传话语就会更加通俗易懂，就能够取得更好的教育效果。书面宣传话语是宣传话语的重要组成部分。书面宣传话语一般是使用标准性文字进行记录，具有后续效应长、持续时间长、传播面积大、影响程度深等特征。

（二）说服话语

说服话语，就是在思想政治教育活动过程中，教育者使受教育者认同、接受其某些思想、观念、看法等，从而达到言说的目的。说服话语追求的是一种以情动人、以理服人的效果。说服话语要注意“恰当”二字，也就是词语的使用要恰到好处，恰如其分。首先，说服话语要求词语的使用要注意语境、氛围等，因地制宜。其次，说服话语要使用感动人、生动活泼、感人肺腑的词语，力求润物细无声。

第二节　新时代思想政治教育话语权的内涵

一、新时代中国特色社会主义之基本内涵

从历史脉络看，中国特色社会主义是党和人民长期奋斗创造积累的根本成就和前赴后继的事业，在当前显示出了强大的生命力；从实践主题看，“两个一百年”奋斗目标的实现是党向人民、向历史的庄严承诺；从人民性看，以人民为中心的发展思想，是党的全心全意为人民服务的根本宗旨在新时代的具体体现；从民族性看，我们有能力实现中华民族伟大复兴的目标；从世界性看，是中国梦与世界各国人民梦想的相连相通。总之，这是一个中华民族和中国人民由站起来、富起来走向强起来的时代。

从重要表征理解新时代。新时代作为一个基本尺度，是对改革开放以来我国所发生的历史性巨变的总结，是我们党领导和推进中国特色社会主义的基本经验和基本规律的总结，是我们党推进中国特色社会主义理论创新和实践创新的重大成果的总结。新时代在许多重要领域都呈现着新的表征、新的面貌。民族复兴之维、社会主义之维、现代化之维，可以看作理解新时代的三个重要的宏观表征。从民族复兴之维看，新时代表征着中华民族从站起来、富起来到强起来的伟大时代。中华民族伟大复兴，绝不是轻轻松松、敲锣打鼓就能实现的。全党必须准备付出更为艰巨、更为艰苦的努力。围绕这一目标，党团结带领人民深入推进改革开放和社会主义现代化建设，统筹推进“五位一体”总体布局、协调推进“四个全面”战略布局，贯彻新发展理念，提出了一系列具有开创性和创造性的新理念新思想新战略，推动党和国家面貌发生根本性、深层次和历史性变革，取得历史性成就，使我们国家和

人民比历史上任何时期都更加接近、更有信心和能力实现中华民族复兴的伟大梦想；从社会主义之维看，新时代表征着中国特色社会主义展现强大生机活力的伟大时代。中国特色社会主义是根植于中国大地、反映中国人民意愿、适应中国和时代发展进步要求的科学社会主义。在习近平新时代中国特色社会主义思想的引领下，中国特色社会主义事业一定会展现更加强大的生机和活力，为世界社会主义的发展贡献更大的力量；从现代化之维看，新时代标征着中国社会主义现代化走向成功的伟大时代。从全面建成小康社会到基本实现现代化，再到全面建成社会主义现代化强国，这是新时代中国特色社会主义发展的战略安排。这一战略安排充分展示了我国社会主义现代化未来发展的宏伟蓝图，也揭示了我国社会主义现代化新的更加伟大的历史进程。中国式现代化是追求传统与现代、中国与世界、自然与人类深度融合的现代化，是推动中国和人类发展进步的现代化，它已经为世界现代化提供了极为宝贵的经验，也必将继续为人类的现代化贡献中国的智慧。

二、思想政治教育话语权

（一）话语权

语言是最基本的交际工具和思想表达工具，在人们的实践交往中延展出丰富的社会意义，成为社会交往关系中的重要媒介。在共同体的符号共识中产生出的语言，同时又是对共同体各个成员的位置关系予以确认的。在共同体中，语言表现为各个成员之间的力量对比关系。即语言就具有权力的职能。福柯第一次阐述权力与话语的关系：在任何社会里，话语一旦产生，即刻受到若干程度的控制、筛选、组织和再分配。这就是权力的形式。当代语言学家费尔克拉夫认为，作为政治和意识形态实践模式的话语，能建立、维护和改变权力关系。话语作为一种社会建设，体现出话语的言说者与对象之间的社会关系。话语是根据言说者与听者之间的社会场域的地位，享受的社会资本、文化习俗，依据一定的社会观念表达的社会符号系统。因此，话语具有权力的内涵，是社会言语结构中各方力量的展现。每一种社会秩序都通过一定的方式使自身利益自然化、社会化，而建设这种社会秩序需要相应的权力运行予以保障。

关于话语权概念，学界分别从不同学科视野进行阐释。有学者指出，话语是一种掌握、控制、支配和阐释话语的权利与权力，是对话语背后的是非判断、价值取向和意识形态进行引导和塑造的一种资格、能力、身份与地位。有学者认为，话语权包括话语权利和话语权力两个方面，表现出显性的言说性话语权和隐性的控制性话语权。理论上讲，话语权具有后现代建设主义色彩，而在现实政治中，话语权具有双重意蕴：应然层面的话语权是“权利”，指表达的资格；实然层面的话语权是“权力”，指话语的效能和影响力。还有学者认为话语权是传播学概念，指舆论主导力，属于舆论斗争的范围。学界还有一种观点，即话语权是权利、权力与权威的结合体。有学者指出，话语权是个体实现自我价值、维护个人利益的能力。可以这样理解，话语不仅是言语，还是嵌在社会关系中权力结构的展现。对其研究已经超越了语言的工具意义，在多角度上呈现研究结果。语言学家费尔克拉夫指出，“当代一切权力的争夺实际是话语权的争夺”。

（二）思想政治教育话语权的内涵

1.思想政治教育话语权利

从法理学上讲，思想政治教育话语权利是一项基本的人权。思想政治教育话语权利有两个层面的含义：其一，使用某种语言的权利，即语言权。《中华人民共和国宪法》也明确规定：各民族都有使用和发展自己语言文字的自由。其二，指使用语言表达一定思想的权利，即言语权。言语权即言论自由权。即公民在公开场合表达自己见解的权利。语言权和言语权构成话语权利的两个方面。语言作为承载思想观念的物质载体，是话语权生成的必要手段。

任何思想都要借助语言的形式才能呈现。如果某种语言被剥夺了存在的权利，那么运用这种语言的人从一开始便处于不利的地位，其思想表达因为语言权被剥夺而受阻，更谈不上话语权。因此，语言权是话语权的基础，是话语权基础的基础。另外，由于运用某种语言的人其思想表达是在一定的语境下产生的，这种语境可能是教育背景、社会风气、时代条件等，因此，仅就某种语言本身来说，语言权镌刻着深深的思想文化烙印，和一定社会的思想文化交流呈现出形式与内容的辩证关系。

当然，话语权利有不可逾越的边界。话语权利的边界即话语主体要遵循与话语权利相对应的义务。即享受话语权利与遵守话语义务，可以进行思想的交流、碰撞、影响。但是在使用语言、发表言论时不得侵害他人的合法权益，不得危害国家安全和公共利益。宪法对每个公民的话语权利都予以肯定和保护。每个人的话语权利在法律上是平等的。在法律保障的范围内，每个人都享有语言权和言语权。作为公民，每个人使用语言表达思想观点的选择可以不同，但是公民在享有话语权利这一点上是平等的。不能将话语权利理解为片面的自由化和绝对化，否则是对话语权利的误解和损害。

2.思想政治教育话语权力

宪法保障每个公民在合法的范围内行使话语权利，因此，话语权利具有普遍性和广泛性的特征。不同的话语主体在话语交往的实践中呈现不同的力量对比。因此，话语权利的行使必然衍生出思想政治教育话语权的另一层含义——话语权力。在福柯看来，权力与知识的“联姻”关系，使得个体屈从于某种目的背后的话语力量。作为首个将话语置于权力框架进行思考的思想家，话语权力的生成需要一套技术手段。在这套技术体系中，知识、制度、理性需要与话语以合适的形式匹配，从而促成话语权力的生成。思想政治教育话语权生成的技术体系是话语主体运用合适的教育内容、方法等，引导话语客体进入教育者预设的情境，并借助话语主体被赋予的合法权利，引导话语客体朝着思想政治教育目标发展，从而提高思想政治教育话语的控制力。思想政治教育话语权利是话语主体实现话语权力的基础，思想政治教育话语权力是运用话语权力控制他人思想和行为的物质力量。人人都有思想政治教育话语权利，但并非人人都有思想政治教育话语权力。因此，前者反映了思想政治教育话语力量场域中的应然状态，后者反映了思想政治教育话语力量场域中的实然状态。由于权力与知识不可分割的关系，话语权利必然趋向话语权力的实现，话语权力反过来为话语权利实现提供重要保障。因此，思想政治教育话语主体面临的是一个由现实的经济政治力量对比构成的话语权力场域。

话语权是思想政治教育话语权的核心概念。话语权作为一种权力，是指政治权力。无论代表哪个阶层的政党，一旦掌握权力，就会运用一定的物质和精神的力量为自己提供合法性辩护。为了降低权力运行的成本，一个社会的权力掌控者会组织和动用一定的资源来进行思想的生产和分配，为自身的合法性和合理性进行辩护。思想政治教育作为思想的生产和分配的一种重要方式，它的产生和发展是权力运作的结果，而思想政治教育话语权是权力成功运作的结果，是权力关系在思想政治教育话语实践中的运行，反过来为权力的畅通运行提供精神思想的支持。另外，思想政治教育话语权作为一种话语权力并不是政治权力本身，它是通过话语的影响力和控制力，在思想资源的生产、传播过程中产生的权威性，让人自觉自愿地服务于这种权威的力量。

3.思想政治教育话语权效

话语权效指人们运用话语力量达到的状态。思想政治教育话语权是人们通过对某一事物行使话语权利或运用话语权力，所能够达到或产生的一定的话语效应、效果或效力。无论是在意识形态建设方面，还是推动社会发展、个体品德养成方面，皆是思想政治教育话语权在不同实践领域的目标和任务。可以说，思想政治教育话语权的实现要做到政治价值、社会价值、个体价值三者的有机统一。

（1）思想政治教育话语权效的目标之一——政治价值。保持正确的政治方向是思想政治教育重要的功能之一。思想政治教育话语权有效实现的第一个价值目标是在引导个体保持正确的政治方向方面发挥引领作用，即思想政治教育话语权有效政治价值的实现。伴随着经济全球化浪潮，各种思想文化交流、激荡更加频繁。在拓宽视野，增强信息获取便捷的同时，多元文化思潮大量挤压主流意识形态空间，主流意识形态建设经受着强势冲击。如果思想政治教育话语权在这一领域不能发挥有利作用，马克思主义理论就会被消解，文化强国战略的推进将会举步维艰。因此，必须研究思想政治教育话语权效问题，发挥话语权效在实现政治价值方面的作用与功能，解决与应对意识形态的安全需求。

（2）思想政治教育话语权效的目标之二——社会价值。思想政治教育不仅要对教育对象个体进行品德塑造和人格培养，而且对社会发展要发挥积极的作用。思想政治教育话语权在社会各领域要发挥良好效应，就体现在推动经济、政治、文化、生态等方面的积极作用上，即社会价值的实现。思想政治教育工作应主动顺应社会发展趋势，在内容、理念、方式、方法等方面紧密遵循教育对象的思想、观点、立场、行为的形成、发展和变化规律，以达到教育人、培养人、引导人的目标。从而实现不断推动社会发展与进步的社会价值目标。因此，思想政治教育话语权效社会价值的目标实现，就需要教育者在对中华优秀传统文化进行创造性转化和创新性发展、在弘扬中国共产党思想政治教育优良传统中创新、在借鉴相关成果中创新和立足教育实践创新的基础上，用民族化、大众化、时代化的主流意识形态推动中国社会在各领域的发展进步，从而增强思想政治教育话语权。

（3）思想政治教育话语权效的目标之三——个体价值。思想政治教育话语权必然要在思想政治教育个体功能的实现上发挥效力。随着社会的进步和思想政治教育学科的发展，思想政治教育的地位从革命战争年代讲权威、服从，为党和国家的中心工作服务的单向认识逐渐向不仅是团结人民完成党和国家各项任务的中心环节，而且是社会主义精神文明建设的基础性工程、解决人民内部矛盾的主要方式和促进人的全面发展的重要途径的多元地位认识转变。思想政治教育功效在个体价值方面的实现，突出体现在提升人的思想政治素质和现代化公民的培育方面。话语权效要聚焦个体思想政治素质的培养和完善。教育不仅要传授知识，还需要人具备良好品格。对于思想政治教育来说，就是要塑造具有良好思想政治素质的现代公民。在一个人的综合素质中，思想政治素质是最重要的素质。思想政治素质是人的政治观、人生观、价值观、道德观的综合体现，是个人成为合格社会成员的根本体现，是稳定的政治人格形态的性格条件。人的全面发展，不仅体现为追求物质富足，而且追求较高的思想政治素养，具备在政治共同体生活中需要的政治品质。思想政治教育话语权的个体价值就是要培养公民成为社会主义核心价值观的忠实践履者。使教育对象能够认同国家、参与政治，投身中国特色社会主义现代化建设。因此，思想政治教育需要在推进个体思想政治素质发展中得到提升，聚焦时代新人的培养。

综上所述，思想政治教育话语权的内涵包括三个层面：第一层面是指“话语权利”，是思想政治教育话语权实践的理论前提；第二层面是指“话语权力”，是思想政治教育话语权利实现的关键和保障；第三层面是指“话语权效”，是思想政治教育话语权的目标和宗旨。三个层面，逐层递进，螺旋上升，相互支撑、互为前提，统一于“思想政治教育权”的内在结构之中。思想政治教育话语权的生成逻辑，即通过教育对象掌握和运用话语力量，传播和灌输主流意识形态，使教育对象在科学理论、情感熏陶、实践锻炼等多种教育方式的影响下，通过内化、吸收，使其达到对主流意识形态的认同，并在外化的实践中，不断强化思想政治教育效应、效果，并达到促进个体全面发展的作用。

第二章　思想政治教育话语权的原则目标与功能

第一节　思想政治教育话语权的原则

原则，是人们说话或行事所依据的法则或标准。没有规矩，不成方圆。干任何事情都离不开一定的原则。在新的历史时期，构建思想政治教育话语权，必须坚持和遵循一定的政治规范或价值原则，这些政治规范或价值原则是思想政治教育话语权构建的本质性规定。思想政治教育话语权建设坚持的原则是思想政治教育的本质、目的和规律的体现。离开了这些规范或原则，思想政治教育话语权就会偏离正常的轨道。

一、思想政治教育话语权的原则

（一）一元指导与多样并存相统一的原则

思想政治教育话语权建设的“一元指导”，就是指坚持马克思主义在思想政治教育领域中的指导地位，使其成为占据主导地位的思想体系。当前，我国思想政治教育话语权建设必须以马克思主义为指导。坚持和巩固马克思主义一元化指导地位具有强烈的现实性与紧迫性。一方面，作为当今世界上最大的社会主义国家，我国必然会长期面临外来势力在意识形态领域的渗透。

因为，“意识形态领域历来是敌对势力同我们激烈争夺的重要阵地。敌对势力要搞乱一个社会、颠覆一个政权，往往先从意识形态领域打开缺口。”另一方面，随着我国社会的深刻变革和社会主义初级阶段主要矛盾的转变，人们思想活动的自主性、选择性和差异性进一步增强。

思想政治教育话语权理论构建的过程也是坚持和发展马克思主义的过程。首先，思想政治教育话语权的理论构建在于坚定中国立场。思想政治教育话语权本质上是思想领域的领导权，其理论构建的根本目的是强化马克思主义在意识形态领域的话语权、引领权、主导权，根本要求是体现思想政治教育的党性。其次，思想政治教育话语权的理论构建也必须具备坚实的群众基础。思想政治教育话语权是通过话语主导、支配人们的思想观念和行为习惯，其话语空间的拓展和理论的构建，必须争取、赢得话语受众，必须彰显思想政治教育的大众维度。最后，思想政治教育话语权的理论构建在于遵循科学性。思想政治教育话语权是一种科学性的政治实践，能够有效指导、服务主客体间思想政治教育活动。因此，思想政治教育话语权理论构建必须遵循一定的客观规律，具体表现为：采取“自上而下”的模式，注重思想政治教育话语的顶层设计，确保思想政治教育辩护、灌输、控制的功能，以强化教育者的话语权力；采取“自下而上”的模式，重视思想政治教育话语的底层关切，将民众意志与主流价值观传播相结合，以满足受教育者的话语权利诉求；采取“共商共建”模式，创设教育者与受教育者话语的融合场域，以提升思想政治教育话语权效果。

坚持指导思想的“一元性”与尊重社会意识的多样性，必须反对两种错误倾向：一是把经济成分、思想的多样化等同于思想政治教育领域指导思想的多元化。从经济成分来看，尽管我国当前所有制形式多种多样，但占主导地位的所有制形式并没有改变，始终是社会主义公有制；从社会思想来看，虽然多样性的社会意识对于激发社会活力、促进思想解放具有积极的作用，但是，任何社会都必须以有序的多样化为前提。也就是说，我们既要允许社会思想和价值观念的多样化，又要坚持社会价值导向的一元化。二是把坚持马克思主义指导思想一元化与推动文化的大发展、大繁荣对立起来。实际上，坚持马克思主义在思想政治教育领域的指导地位与文化繁荣并不矛盾。我们强调马克思主义指导思想的一元化，并不是要用马克思主义来代替文化繁荣的研究，也不是要对国外文化采取全盘否定的态度，而是要运用马克思主义的立场、观点和方法去引领我国哲学社会科学的发展。正如列宁所说的，“马克思主义同‘宗派主义’毫无相似之处，它绝不是离开世界文明发展大道而产生的一种故步自封、僵化不变的学说。”因此，我们在掌握思想政治教育话语权的过程中，必须始终坚持一元指导与多样性并存的原则，坚决抵制各种非马克思主义和反马克思主义错误思想的影响，这是思想政治教育话语权建设最根本的方法论原则。

（二）先进性与社会性相统一的原则

思想政治教育话语权构建必须契合时代语境。任何理论，话语都是时代的产物，也将伴随时代的发展而发展、创新、转化。话语产生于一定的历史语境，是历史进程中的语言实践，不同语境下话语的权力、权利存在一定差异性。思想政治教育话语权构建要遵循社会发展规律，立足我国“强起来”的时代语境，彰显先进性。“强起来”作为历史起点，是对当前发展阶段的批判，是物质生产、精神生产实践的综合表征；作为新时代主题，它要求把发展优势、综合优势转化为话语优势。建设文化强国、话语强国，加强中国在国际政治领域的话语权，构建中国特色社会主义话语体系，传播中国价值理念、政治主张、生活方式，增强中国话语的舆论主导、理论引领和世界意义。中国话语“强起来”战略，是国家治理能力的综合体现，重在话语的先进性与引领力，是凝聚中国智慧、传播中国话语、贡献中国方案的和平、发展、共享的话语实践。

思想政治教育话语权先进性的构建还须植入中国特色社会主义话语体系

的“大语境”，思想政治教育话语权和时代语境之间具有关联性、依赖性，是中国特色社会主义话语体系这个“大语境”的“小逻辑”。“强起来”的时代语境下，要实现“大语境”与“小逻辑”之间的融通，即话语权构建既要把握中国特色社会主义话语体系，以增强话语适应力、话语分量、话语优势，也要聚焦当前社会问题，主动回应人民关切，构建解惑、求真、释疑、明理的话语叙事方式。在“强起来”时代语境下，思想政治教育话语权建设是内生性、联系性、继承性的，必须吸取“站起来”“富起来”阶段的正反面经验，实现时代语境转化，构建适应时代需求的话语的理论体系、表达形式、运作机制。

思想政治教育话语权社会性构建须嵌入社会实践的话语场域。思想政治教育话语权的生成、运作，总是在一定的社会场域中进行，必然生成新的话语实践，形成新的话语理论。新的话语与实践互动的过程，也是思想政治教育话语权建设及强化的过程。在此过程中，社会形势的变化既给思想政治教育带来难得的机遇，也带来了新的挑战。思想政治教育话语权的建设，正是在回应社会关切、化解社会矛盾的本职使命中得到发展，正是从社会大变革的新时代中得到加强，正是从中国特色社会主义发展的历史逻辑与实践逻辑相统一的进程中得到深化。社会矛盾是推动思想政治教育话语权发展的深层动力，“话语正是为表现和克服困难才开始讲话的；话语正是当矛盾不断地通过它再生产出来，为了逃避矛盾才继续下去并无限地重新开始”。社会主要矛盾的转变促使思想政治教育话语场域的变化，从物质文化层面拓展到公平、法治、正义、民主、安全、环境等更广阔、复杂的场域。

思想政治教育话语权回应生活场域的变化，要兼顾、融合不同的话语生发条件、构成要素、描述形式、评价逻辑，形成开放、多元、共生性话语形态。思想政治教育话语权构建要注重供给层面的改革。从某种意义上说，思想政治教育就是提供精神文化产品，满足受教育者的精神文化需要。从受教育者需求层面看，“美好生活需要”提出高层次、多维度的精神文化需求，提供了供给层面改革的动力；从教育者供给层面看，“不平衡不充分的发展”表明物质文化生产由“欠发展”到“发展起来不平衡”阶段，成为供给层面改革的依据。可见，思想政治教育话语权供给侧改革，要遵循“不平衡到再平衡”发展理路，由需求层面推动供给层面改革，达到阶段性再平衡、和谐、统一态势。

（三）整体性原则

1.坚持整体性原则是思想政治教育话语权建设的理论基础

从整体上来理解马克思主义，可以为思想政治教育话语权的建设提供理论支撑。从批判向度来看，整体性的马克思主义包括哲学批判、经济学批判和资本主义政治社会批判，它们一起构成了马克思主义批判理论的整体。因此，思想政治教育话语权建设也应该着眼于整体性的批判视域，既表现在思想领域、经济领域中，也表现在政治领域中。

从历史逻辑来看，整体性的马克思主义还体现为它是一个动态的发展链条。在这一过程中，形成了三种形态的“马克思主义”。一是原生态的经典马克思主义。由于马克思、恩格斯所处的历史条件和无产阶级实践的状况，批判性是这一理论形态的主要特点。二是次生态的马克思主义。这既包括探索经济文化落后国家如何建成社会主义道路的列宁主义，也包括由卢卡奇、葛兰西等人开创的摇摆于“批判性”和“功能性”之间的西方马克思主义。三是新生态的马克思主义，即中国共产党人在领导中国革命、建设和改革实践过程中形成的中国化的马克思主义。不管是原生态、次生态还是新生态，它们都是马克思主义理论一个动态的历史整体。但是，整体并不等于部分的简单叠加，只有在坚持根本、批判汲取的基础上，马克思主义才会成为一个富有生命力的、能够为思想政治教育话语权建设提供理论支撑的科学的理论整体。

2.坚持整体性原则是思想政治教育话语权建设的方法维度

思想政治教育方法的整体性原则，就是指坚持理论性与实践性相统一、批判性和建设性相结合的原则。坚持理论性与实践性相统一，是思想政治教育话语权建设的内在规定。思想政治教育作为一种客观存在的社会现象，既是对人们在实践过程中的系统化、理论化成果的具体运用，又要服务于新时代中国特色社会主义的实践，这是思想政治教育话语权发挥功能的必要前提。因为“马克思主义是以事实，而不是以可能性为依据的。马克思主义者只能以经过严格证明和确凿证明的事实作为自己的政策的前提”。在当代中国，只有将思想政治教育的理论构建与社会实践有机结合起来，思想政治教育话语权建设才能真正地发挥凝聚人心、稳定社会的作用。另一方面，坚持批判性与建设性相结合，是思想政治教育方法整体性的另一个维度。思想政治教育话语权建设具有批判性的特点，这是由马克思主义辩证法的批判本性所决定的。它要求我们必须旗帜鲜明地批判历史虚无主义等错误思潮，不断巩固思想政治教育话语权的主导地位。但是，批判性作为思想政治教育话语权建设的本质特征，只是前提性的内涵，更重要的是，我们要在批判各种异质性社会思潮的基础上，积极汲取国外优秀文化成果和中国传统思想精华，建构一种具有较强的功能性价值、可以与西方发达国家意识形态相抗衡的思想政治教育话语体系。正如列宁所说的，“我们决不把马克思的理论看作某种一成不变的和神圣不可侵犯的东西；恰恰相反，我们深信：它只是给一种科学奠定了基础，社会党人如果不愿落后于实际生活，就应当在各方面把这门科学推向前进。”

（四）实践性的原则

思想政治教育活动作为社会意识的重要组成部分，必然受到社会经济基础的决定和制约，必然指向现实生活，规范和影响人们的精神世界。因此，思想政治教育话语权建设离不开对实际问题的研究，离开了对“中国实际”

的积极审视和主动回应，思想政治教育话语权建设就会失去其导向性、合法性。“中国实际”是一个时空概念，它总是在一定时间与空间内孕育、生成、演化与凸显，它既包括中国与世界其他国家在推进现代化过程中形成的普遍性问题，也包括中国在社会转型时期呈现出来的特殊性问题；既是一个关乎中华民族伟大复兴的全局性问题，又是一个回应人民群众利益诉求的具体性问题，这些问题作为一种历史的内在矛盾已经深深地嵌入中国特色社会主义的伟大实践之中。

1.积极推进思想政治教育话语权的实践维度多样化

目前，中国特色社会主义已经进入新时代，这既是重要的战略机遇期，又是矛盾凸显期，这就决定了思想政治教育话语权建设必须关联“中国实际”，面对社会现实生活，实现思想政治教育话语权的实践“维度”的多样化，即体现思想政治教育的“政治维度”“学术维度”“大众维度”。思想政治教育的“政治维度”要求执政党或社会集团在维护社会和本阶级的根本利益方面，必须具有明确的政治方向和坚定的政治立场。思想政治教育的“学术维度”在强调学术领域争论的自由性和开放性的同时，强调要以理论自信对待各种异质的社会思潮。思想政治教育还应该具有“大众维度”。大众生活是人的最直接、最普遍的存在方式，也是思想政治教育话语权建设的社会基础。思想政治教育只有实现对大众生活的渗透，才能真正获得“普遍性”的支撑和极大的发展空间，才能不断增强思想政治教育话语权的凝聚力、整合力，使其既可以为政治统治的合法性辩护，又可以成为具有学术支撑和社会基础的思想体系。

2.不断强化思想政治教育话语权实践功能的全面性

长期以来，由于人们对“中国实际”的重要性认识不够，致使我们在对思想政治教育话语权实践功能的理解上存在碎片化问题，有时只强调它的政治功能，而遮蔽了其他功能的发挥，或是围绕现代化的总体目标有意识地去消解不同思想体系之间的对立。D.诺思指出，成功的思想体系之所以成功，一个重要的原因就是，面对社会的新变化和新问题，能够在掌握和获得一些群体的忠诚方面及时准确地调整自己理论关注的边界。从这个意义上讲，加强思想政治教育话语权的实践功能的全面性，就是坚持思想政治教育话语权“五位一体”功能的统一。“社会发展是一个经济、政治、文化和社会以及人与自然关系全面、协调、整体和可持续发展的过程，但也是一个各方面非均衡发展的辩证过程。”思想政治教育话语权必然要通过政治、文化、经济、社会以及生态等方面的发展来发挥其协调各方面非均衡发展态势的能力，因为只有面向“中国实际”和关注当代中国的总体布局，不断满足人民对美好生活的需要，加强社会公平正义话语的培育，思想政治教育话语权才可以真正地建构起来。

（五）主体性的原则

思想政治教育话语权的构建不是脱离于生活世界的理想范式，而是与生活世界具有内在同构性。思想政治教育话语权的价值维度在于话语权效用，思想政治教育话语权构建要实现文本话语权、阐释话语权向政治实践话语权的转化，必须从文本式、学院式的坐而论道，走向解读现实生活、实践活动的叙事、说理的行而论道，发挥凝聚人心、形成共识、稳定社会的重要功效。根据矛盾的“两点论”与“重点论”原则，思想政治教育话语权建设要抓住主要阵地与重要主体。

1.思想政治教育话语权构建要增强青年大学生的主体意识

思想政治教育话语权构建要掌握青年主体。从受教育者层面看，基于立德树人的目的，青年作为受教育者，是民族复兴大任的担当者，要与民族同命运、祖国共奋进、时代齐发展。而在现实境遇中，青年的人生观、世界观、价值观处于发展变化阶段，呈现出创新求变、挑战权威、追求时尚等特征。因此，利用话语权主导青年是思想政治教育的本然，换言之，思想政治教育话语权构建以受教育为目的。从教育者层面看，基于话语主体间性的存在，青年作为受教育者，能够增强思想政治教育话语张力，拓展思想政治教育话语语境适应性，发挥思想政治教育意见领袖、朋辈教育的功能。通过建立学生间“双主体”的话语模式，有利于克服话语传播、交往过程中话语理念的各种困境。从话语权运作机制层面看，思想政治教育话语权构建要克服“权势量”大于“共聚量”的沟通障碍，解决传统师生间“主体–客体”话语交往中由于话语权力不均衡、话语空间不平衡、话语权利不到位等引起的话语失衡现象，形成言说主体（教师）与对话主体（青年）话语权共享模式，促使话语权回归，达到话语互动、话语尊重、话语引领的目的，实现教育者（教师）与受教育者（青年）之间话语权的良性运行。

2.思想政治教育话语权构建要保障人民群众的主体地位

人民群众是历史的创造者，是社会稳定、进步的根基。人民群众是实践主体，是理论创造的思想主体，话语权构建的根本逻辑是人民群众在场，如果意识形态建设只停留在“言说”层面，脱离群众的实际需求，就会成为空洞的说教。因此，理论必须面向群众、为了群众、服务群众。思想政治教育的出发点和落脚点是人，思想政治教育话语权是通过“以人为本”的思想政治教育话语传播、交往实现的，其价值体现在实现话语接收者的社会化和政治化。思想政治教育话语权构建要推动人民群众思想主体的复归、出场。人民群众在追求自身解放、幸福利益的基础上已成为思想、理论创造主体。思想政治教育的逻辑起点是思想，话语权构建要实现人民群众思想主体的复归。只有将思想、理论的主体、创造动力复归人民群众，才能真正开启“群众化”进程；人民群众思想主体出场，即通过对话、沟通，形成与扩大思想、理论共识域，从“通俗化”“化群众”走向真正主体“群众化”，进一步实现人民群众自主创造、传播和分享思想、理论。

二、思想政治教育话语权需要处理好的关系

（一）意识形态性与科学性关系

意识形态性是思想政治教育话语权最基本的特性，这一特性是由思想政治教育的主要任务决定的。高校思想政治理论课的主要任务是用马克思列宁主义、毛泽东思想和中国特色社会主义理论体系武装青年的头脑，这是贯彻党的教育方针、培养社会主义建设者和接班人的重要方式，是社会主义教育的本质特征，是党和国家事业长远发展的根本保证。因此，思想政治教育话语权必须具备鲜明的意识形态特性。作为思想政治教育话语权的主题之一的马克思主义理论，在面向实践、实现理论创新的过程中偶尔表现出来的理论的内在矛盾关系，决定了思想政治教育话语权的意识形态性与科学性也并不是天然一致的。只有在思想政治教育话语权建设中厘清思想政治教育话语权的意识形态性与科学性的关系，才不至于在话语交锋中陷入被动。

马克思主义站在无产阶级的立场上，用科学的方式确立历史真实、直面现实、把握未来，第一次实现了对意识形态虚假性的消除，并建构了新的阶级意识。无产阶级的阶级意识实质上是“消灭阶级”，它又是以对历史发展的必然性的科学把握为前提。正是因为马克思主义始终坚持意识形态和科学性的统一，才使其作为无产阶级意识形态话语的权力得以确立并在指导社会实践中发挥出不可小觑的作用。同样，思想政治教育话语权也不是主观建构的，而是站在正确的阶级立场上，在以科学方法探索客观对象的过程中确立起来的。具体而言，思想政治教育话语体系的意识形态属性不能弱化，特别是那些带有鲜明意识形态属性的概念和原理，比如阶级、阶级斗争、人民民主专政等概念和理论是马克思主义理论体系的重要内核，是科学社会主义实践的重要理论前提。同时，只有在认识中运用马克思主义概念、判断和推理等逻辑形式，对认识对象进行规律性、本质性、系统性的探究，才能增强思想政治教育话语权的解释力、生命力，才能巩固马克思主义在意识形态领域的领

导地位。

因此，从思想政治教育话语权的意识形态性和科学性关系上来看，巩固思想政治教育话语权，关键在于科学运用马克思主义的世界观、历史观、方法论，对时代问题进行追问，对时代特征及其包含的重大问题进行判断，并在这个过程中合理表达阶级立场，激发马克思主义理论体系的思想性和创造力，使马克思主义意识形态话语的科学内涵不断彰显，并使之在社会实践过程中发挥作用。当面对以“非意识形态化”为特征的西方意识形态话语的挑战时，只有坚持思想政治教育话语权的意识形态性和科学性的有机统一，才能巩固马克思主义在思想政治教育中的主导地位。

（二）批判性与功用性的关系

批判性是思想政治教育话语权生成、运作的基本理路。思想政治教育话语权建设以马克思主义为指导，而批判性是马克思主义的本质属性。马克思主义理论是在批判中阐释、创造新话语，通过运用哲学批判揭示了资产阶级意识形态的虚假性，通过经济学批判揭示了异化劳动，通过资本主义政治社会批判创立了无产阶级专政学说。中国共产党对思想政治教育话语权的掌控，经历了竞争与夺取、确立与主导、调适与巩固等阶段，思想政治工作的成功经验也来自同错误思想作斗争，以及自我批判、反思。因此，思想政治教育话语权的当代构建要继承批判性。批判性是思想政治教育话语权构建的自我超越，批判性也是否定的、革命的，同时也是反思性的、建设性的，坚持批判的属性在于建设性批判，即对事物的积极创新。当今，和平与发展成为时代主题，建设性、维护性向度就凸显出来，思想政治教育话语权更需要在反思中重建。一方面，我们要坚持对理论话语的学习、宣传，体现理论话语在意识形态中的指导地位，尤其是不折不扣地宣传、学习、实践习近平新时代中国特色社会主义思想；另一方面，必须坚持发展创新，积极推动理论话语的转化，实现官方话语、文本话语向学术话语、教学话语转化，尤其是对广大普通群众，必须实现宣传话语到工作话语的转换，改变传统单一直线的灌输方式，运用线上线下多维方式，搭建互通多向的通道，体现理论话语“掌握群众”的目标。

功用性是思想政治教育话语权构建的根本目的。任何一种成功的话语体系必然经历从“批判性”向“功用性”的转变。马克思主义意识形态理论是话语的价值性、真理性、实践性的统一。思想政治教育话语权必须体现解决问题的效用。马克思宣称“问题在于改变世界”,必须运用理论化的思想政治教育话语，阐述、传播马克思主义意识形态理念，审视、回应当前社会问题，以夯实思想政治教育话语权的导向性与合法性，增强思想政治教育话语权的凝聚力。进而言之，思想政治教育话语权构建必须服务于新时代思想政治教育实践，要规范理论和制度、思想和行为，实现合规律性与合目的性的统一。构建思想政治教育话语权的时代范式，必须彰显思想政治教育的发展逻辑、建设逻辑、规范逻辑。思想政治教育话语在传播党的路线、方针、理论、政策的过程中必须彰显主导权、主动权。因此，思想政治教育话语权构建要立足于走什么样的道路、举什么样的旗帜、实现什么样的奋斗目标的时代主题，要满足人民需要、符合中国实际、形成中国特色。思想政治教育话语权必须立足新时代指导思想，坚持以习近平新时代中国特色社会主义思想总揽全局、协调各方，引领思想政治教育话语权建设；立足新时代“五位一体”总体布局和“四个全面”战略布局，实现思想政治教育话语权与社会发展场域同频共振；立足新时代建设主题，深入解读“以人民为中心”发展理念的思想政治教育意蕴；立足新时代的本质特征，深入地阐释党的领导是中国特色社会主义本质特征的内在逻辑，增强坚持党的领导的自觉性和坚定性，提升思想政治教育话语建设的针对性和有效性；立足新时代的国际视野，科学审视倡导“一带一路”、构建人类命运共同体的倡议，讲好中国故事，传播好中国声音，呈现当代中国的国际担当和大国风范，从而拓展和深化思想政治教育的域外资源，实现思想政治教育效果的最大化，为实现“两个一百年”奋斗目标营造良好环境。

（三）思想性与政治性关系

思想，既是人类的思维活动，又是人类积累的文化成果。马克思主义理论是集人类思想之大成的思想文化成果，其思想渊源非常深厚，思想特征自是不言而喻。对于以马克思主义为理论基础的思想政治教育来说，思想性则成为其内在要求。一方面，在思想政治理论课的教学内容上，要涵盖人类的优秀思想文化，体现人类文明发展的方向，从而促进青年学生思维深度、广度和思想境界的提高。另一方面，在思想政治教育的过程中，思想性是贯穿整个教学实践的灵魂。教育者与教育对象之间的教育实践关系，实质上就是思想的交流与碰撞，是思想文化的传承和新思想的生成。基于这一点，思想政治教育话语权就必须牢牢把握住教学、教育过程中的思想性特征，充实话语的思想内涵，提高话语的思想境界，激发话语的思想活力，将思想政治理论课中所包含的道德规范、政治知识、科学理论以及党的政策、路线、方针等原则性很强的一般性理论知识，赋予丰富多样的思想教化性。而思想政治教育话语权的这种思想性的实现则要靠教育者“对教育内容作正确且深刻的解读，把外在的教育要求与教育内容变成自身的理论观点、情感认同、思想认识、行为准则，内化教育内容”。教育实践也表明：“不经过自己的思考、理解和认同，思想的表述就没有力量，就没有生命力。更重要的是，在自己理解的过程中，也包含着一定的思想创造。人们在表达自己经过深入思考而得到的思想时，在表达自己深信不疑的道理时，总是表达得最好，最有影响力。”这种融入了个人的思想、情感的思想政治教育话语也比较容易达到教育效果。

马克思深刻地指出：“占统治地位的思想不过是占统治地位的物质关系在观念上的表现，不过是以思想的形式表现出来的占统治地位的物质关系；因而，这就是那些使某一个阶级成为统治阶级的关系在观念上的表现，因而这也就是这个阶级的统治的思想。……而这就意味着他们的思想是一个时代的占统治地位的思想。”哲学社会科学课程主要内容是对人与社会、人与自然关系的思想观念表达，必然要反映占统治地位阶级的思想，具有政治属性。而思想穿透的深度、展开的宽度、境界的高度背后所体现的历史观、世界观、价值观，更具有鲜明的政治性。对于思想政治教育来说，以理想信念教育为核心，以爱国主义教育为重点，培育社会主义核心价值观等基本任务，决定了其最基本的属性是政治性，而思想性则是始终围绕这些政治任务展开的，是为政治性需要服务的。同时，也要积极发挥政治性话语在培养政治理念、价值观念、提升文明素质等方面的作用。在思想政治教育的过程中，运用科学的政治性话语，一方面是为了让受教育者认识政治组织的基本框架、政治活动的基本制度等政治现象，从而形成关于人类社会政治生活的基本认识和政治素养；另一方面是要传递党的基本路线、政策、方针，让受教育者认清自身的政治责任，明确政治追求，为他们将来参与政治生活打下良好的基础。

（四）理论性与实践性关系

理论和实践的统一是无产阶级革命的重要特征。理论的功能只有在指导实践的过程中才能发挥，理论的正确与否也只有通过实践才能检验。同时，只有在理论的指导下，实践才摆脱了自发的经验论状态，成为一种自觉的活动。

马克思主义理论体系与社会主义实践的密切关系为思想政治教育话语权实现理论性与实践性的统一提供了客观基础。在传授马克思主义理论的过程中，如果我们把理论变成一种纯粹的、固定不变的知识，把实践变成一种个体的经验，这些都会造成思想政治教育话语权的理论性和实践性的分裂。仅仅从知识论出发的理论性话语，不具有探究社会现实生活的能力，只能成为书本的复读机。而仅仅从经验论出发的实践性话语，也不具有分析矛盾和阐释本质的能力，只能成为其他学术话语的注脚。而只有把握了理论与实践的同质性与异质性的统一，才能实现思想政治理论话语的理论性与实践性的统一。

实际上，理论与实践的异质性表明理论与实践不是同一序列的存在，理论作为观念性存在是对社会生活的反映，而“全部社会生活在本质上是实践的”。理论与实践的同质性体现在理论不断向实践转化，实践也在不断上升为理论，同时，理论和实践相互需要、相互适应。“光是思想力求成为现实是不够的，现实本身应当力求趋向思想。”对于思想政治教育话语权来说，把握理论与实践的异质性与同质性，就要坚持理论性话语与实践性话语的统一，尤其要对理论性话语和实践性话语的同质性给予肯定和利用。这就是说，思想政治教育话语系统不但能够通过理论性话语是否能正确反映实践的要求来获得话语权，而且还可以通过把理论性话语不断转化为活生生的实践因素、不断促成实践批判的活动来实现其话语权。从根本上说，思想政治教育话语权的这种特点是由马克思主义不断参与实践并打开实践的新局面的理论品质决定的。对于兼具理论高度和实践参与能力的思想政治教育话语权来说，其表达的理论不是纯粹的思想，而是渗透在实际生活中的逻辑。其中，能动的实践在于把生活的逻辑不断地转变为变化的生活实际。只有坚持理论性和实践性的统一，思想政治教育话语权才能在面对现实的过程中找到立足点。

第二节　思想政治教育话语权的目标

目标就是方向。掌握思想政治教育话语权，必须树立明确的目标。当前，我国思想政治教育话语权面临着挑战与机遇并存的局面，在迎接挑战、把握机遇的过程中，必须聚焦和凸显思想政治教育话语权的目标。具体而言，巩固社会主义意识形态的主导地位、进一步加强与实现思想理论武装、抢占思想政治教育话语权的制高点、巩固思想政治教育话语的主导权等是思想政治教育话语权需要实现的总体目标。

一、巩固与维护社会主义意识形态的主导地位

思想政治教育话语作为社会主义意识形态宣教的重要思想工具和理论武器，必须承担起巩固社会主义意识形态主导地位、掌控社会主义意识形态话语权的历史责任和时代使命。而在网络时代，思想更为活跃、交流更为便捷、国家之间的利益之争更为隐秘。因此，掌握思想政治教育话语权，用思想政治教育话语讲好中国故事、传播好中国声音更为紧迫。

首先，这是由社会主义意识形态的主导地位决定的。社会主义意识形态话语是社会主义社会占主流地位的思想，它是以马克思主义意识形态话语为基础，并结合中国国情对于社会主义话语的丰富和发展，具有先进的引导力和强烈的整合力，是中国社会主义现代化建设一以贯之的思想路线和行动指引，不论在何时何地何种情况下，都不会因外在因素而做出任何改变，在传统媒体环境下如此，在网络环境下也是如此。它对巩固中国共产党的执政地位、对实现中华民族复兴的伟大梦想都具有举足轻重的意义。

其次，这是由思想政治教育话语的功能决定的。近年来，党中央清晰认识到“意识形态工作是党的一项极端重要的工作”，而思想政治教育承担着对社会主义意识形态工作的理论宣教功能和政策导向功能，发挥好思想政治教育在巩固社会主义意识形态指导地位方面的功能是摆在我们面前一项迫切的使命与任务。

最后，这是由网络时代的环境决定的。网络环境对社会主义意识形态话语内容的表达方式、宣传方式都提出了新的要求，这就要求思想政治教育话语主动调整自己去适应网络时代。适应网络时代要求思想政治教育话语敢于用战略的眼光审视自身和外部世界，只有不断审视自身存在的问题，审视外部世界的变化，思想政治教育话语权才能在巩固社会主义意识形态指导地位方面更好地发挥作用。

巩固社会主义意识形态主导地位,必须构建起感召全民的社会主义核心价值体系。实践证明，在现代社会，构建起具有强大感召力的核心价值体系，关系人心向背和国家的长治久安。马克思曾强调指出:“如果从观念上来考察，那么一定的意识形态的解体足以使整个时代覆灭。”历史经验表明，一个国家的稳定和发展，不仅要有坚强的政治领导、雄厚的经济基础、完备的制度，更需要把握好社会的主流意识形态和核心价值体系，以此武装广大人民群众，使全体社会成员在思想观念上具有认同性和归属感。社会主义核心价值体系是我国社会主义意识形态的本质体现，建设社会主义核心价值体系是我们党对社会主义价值目标认识的新飞跃。改革开放以来，我们在探索“什么是社会主义、怎样建设社会主义”的伟大实践中深刻认识到，在我们这样一个发展中的大国推进社会主义事业必须走自己的路，建设中国特色社会主义，形成了中国特色社会主义经济、政治、文化、社会、生态等“五位一体”的战略目标。同时，我们必须不断深化对社会主义意识形态价值取向的认识，提出了社会主义核心价值体系的崭新命题和战略任务，标志着我们党对社会主义本质的认识达到了一个新高度。由于我国目前社会思想领域多元，要实现科学完备的社会主义核心价值体系建设目标，必须坚持一元引领、包容多样的原则和方法。马克思主义是我们立党立国的根本指导思想，必须坚持和巩固马克思主义在我国意识形态领域的指导地位。

二、进一步加强与实现思想理论武装

（一）加强与实现思想理论武装的必要性

一定社会的意识形态作为理论化的思想体系，也是对理想社会模式的信仰，必须向社会公众传播和灌输，让人们认同、接受，引导个人和群体树立“共同信念”，使社会成员的价值观念都能在某种程度上达到“一致”，进而成为人们认识和行动的标尺。以马克思主义为指导思想的社会主义意识形态，是切实反映广大人民群众根本利益的系统化和理论化的价值体系和思想体系。它是人类社会意识形态思想理论的革命性变革，作为革命性和开放性高度统一的社会主义意识形态，它大大拓展了一般意识形态功能，特别是在改革开放的形势下，我国社会主义意识形态的功能发生了重大变化，这些都显示了意识形态的目标指向。改革开放使我国社会思想文化领域发生了巨大变化，主要表现为经济体制变革、社会结构变动、利益格局调整、思想观念变化。一方面，“社会主义核心价值体系建设取得重大进展，马克思主义思想理论建设卓有成效，群众性精神文明创建活动、公民道德建设、青少年思想道德建设全面推进，文化事业生机盎然，文化产业空前繁荣，国家文化软实力不断增强，人们精神世界日益丰富，全民族文明素质明显提高，中华民族的凝聚力和向心力显著增强。”另一方面，人们的价值观念出现了多样化等新情况，特别是由于多种思想相互激荡，人们思想活动的选择性、独立性、多变性和差异性进一步增强，许多人在发展路径选择、成功评价机制、价值观念取向等方面都是多元的，分属不同社会发展阶段的价值观念在我国现阶段的同一时空的社会生活中大量存在着。一些非马克思主义社会思潮严重影响和干扰着我国社会主义现代化建设，不断地消解我们的民族精神和核心价值。我国意识形态建设担负着实现全民族思想统一、坚定理想信念、凝聚民族复兴伟大力量的重任。因此，只有实现和达到这一目标，才能更好地推进社会主义现代化建设的发展，实现中华民族的伟大复兴。我国社会主流意识形态以马克思主义科学理论为指南，代表先进生产力的发展方向，具有引领社会主义发展方向、巩固和完善社会主义制度的功能，以公有制为主导的社会主义制度，以及改革开放的和平发展道路得到了广泛认同和普遍支持。

（二）加强与实现思想理论武装的措施

1.准确理解中国特色社会主义的本质和内容

中国特色社会主义理论深刻回答了我们坚持和发展的是什么样的中国特

色社会主义以及怎样坚持和发展中国特色社会主义这个根本问题。只有认真学好中国特色社会主义理论，掌握其精神实质，才能准确辨别和批判种种对中国特色社会主义的错误理解和认识，从而统一全社会的思想，在推进中国特色社会主义的建设事业中不走偏向、不把经念歪，确保全党全国各族人民同心同力、同向而行。

2.总结历史经验，学习中国特色社会主义理论

中国特色社会主义理论一个鲜明的特点，就是以问题为导向。中国特色社会主义理论，并不是从空洞的理论推演出来的，而是在深刻总结中国共产党历史、新中国历史、改革开放历史以及国际社会主义历史的经验教训，科学分析研究当代世界发展变化新形势的基础上提出来的。所以，我们要理解、掌握中国特色社会主义理论的精神，就必须认真学习研究党史、新中国史、改革开放史、社会主义发展史等，总结经验教训，只有这样才能真正把中国特色社会主义理论的含义弄清楚、精神实质把握准确，只有这样才能在落实中国特色社会主义理论的实践中避免出现思想偏差。

3.加强意识形态工作，巩固全国各族人民团结奋斗的共同思想基础

近年来，我国高度重视意识形态工作，反复强调意识形态工作是党的一项极端重要的工作。在充分看到意识形态工作取得重大成就的同时，我们也要清醒认识到，国际意识形态领域斗争依然复杂，国家制度安排面临着新情况。我们必须通过深入学习中国特色社会主义理论，使全社会全体人民树立起正确的理想信念，树立起正确的世界观、价值观，以巩固马克思主义指导地位、巩固国家的主流意识形态。

三、占领思想政治教育话语权的制高点

（一）占领思想政治教育话语权制高点的必要性

思想政治教育是“一定的阶级、政党、社会群体遵循人们思想品德形成

发展规律，用一定的政治观点、思想观念、道德规范，对其成员施加有目的、有计划、有组织的影响，使他们形成符合一定社会或一定阶级所需要的思想品德的社会实践活动”。不管是历史上还是现实中，单一的思想意识、价值观念的社会是不存在的，在社会思想领域，有主流意识形态的思想观念，也有非主流意识形态的思想观念，有健康的价值取向，也有颓废的价值取向。因此，要推动思想政治教育顺利进行，就必然要使主流意识形态倡导的“思想观念、政治观点、道德规范”占据社会意识形态的制高点，只有占据了这个制高点，才能在思想竞争中占据先机，掌握主动权，使人从善如流，欣然追随。掌握思想政治教育话语权与占据思想政治教育制高点是一致的，思想政治教育话语权通过话语优势充分表现价值制高点、道德制高点、资源制高点的合法性，使思想政治教育倡导的政治观点、思想观念及道德规范在社会思想竞争中占据有利地位、赢得有利条件，从而为巩固意识形态主导权和提升思想政治教育影响力奠定坚实的基础。

（二）占领思想政治教育话语权制高点的措施

1.加强对真理、道德、价值的发言权和评判标准的掌控

思想政治教育必须将反映统治阶级利益的思想观念、政治观点、道德规范推至社会意识形态高地，从而有利于占据思想政治教育的制高点。在社会思想领域，只有确立了评判是非、辨别真伪、区分美丑的标准，并使这些标准深入人心，才能依据这些标准对人们的思想进行引导。思想政治教育话语是统治阶级对自身利益的自觉维护的话语形式。通过掌握思想政治教育话语权，统治阶级在社会宣示自己的阶级立场，并基于这一立场，分清什么是善、恶、对、错，在这个前提下，将“真善美”置于道德高地与价值高地，使符合这些标准的社会意识形态占据社会思想的制高点，并运用真理标准和价值标准对意识形态进行合法性印证，建立引导目标和引导机制，从而使思想政治教育取得事半功倍的效果。掌握思想政治教育话语权，有利于阐述社会主

义的价值标准和道义标准，并将其扩大成为全社会的价值标杆和道义准则，使其倡导的意识形态成为社会主流意识形态，从而在思想领域的竞争中脱颖而出，把握优势，获取主动权。当然，这并不是说我们可以通过思想政治教育话语权的把握，定义真理与价值标准，使其完全服务于我们自身的利益需要。检验真理的唯一标准是实践，而价值是否存在必须以是否满足价值主体的需要作为衡量标准，只有真正经得起实践检验的真理，真正满足人民利益需要的价值才能占据社会思想的制高点。在我国，思想政治教育话语权坚持将马克思主义意识形态置于思想领域的制高点，坚持以马克思主义科学的世界观和方法论为指导，代表最广大人民群众的根本利益，反映了社会发展与人的全面发展的客观规律，因而体现了价值性与科学性的高度统一。思想政治教育话语权通过占领话语高地，掌握社会思想的评判标准、规范尺度、控制手段，将话语优势转化为社会主义的真理优势、政治优势和价值优势，而客观、科学的价值标准和真理标准为思想政治教育占据话语制高点提供了坚实的后盾。

2.从内容、形式两个方面实现思想掌握群众

从内容上看，思想政治教育话语权通过构建思想政治教育话语体系，将马克思主义科学的理论体系转化为思想政治教育的核心内容，将中国共产党思想政治工作的实践经验进行系统的整理与概括，通过创造、设置、表达、传播以及运用思想政治教育话语呈现党所提出的思想观念、政治观点与道德规范，通过推动思想政治教育学科化和科学化的方式实现思想政治教育对人的全面发展过程中德育的主导作用，以思想政治教育话语关系承载教育关系，以思想政治教育话语主导权保证思想政治教育方向的正确性。思想政治教育话语体系对思想政治教育内容、目标、规律的真理性呈现，是运用正确思想掌握群众的前提，只有讲清楚道理，体现理论的彻底性，才能说服群众，让真理在群众的头脑中占据制高点，将思想政治教育的话语优势转化为改造客

观世界的实践优势。思想政治教育话语权对思想政治教育制高点的维护，不仅仅体现在通过话语优势运用真理性的思想政治教育内容来掌握群众，而且还体现在运用资源优势增强正确思想对人民群众的影响力上。思想政治教育话语权必须通过掌握传播技术、构建话语平台、运用各种方式方法有效地表现思想政治教育内容，增强思想政治教育内容的可接受性和影响力，从而占领思想政治教育的主渠道、主阵地，弘扬主旋律，让正确思想占据人民群众精神世界的制高点，推动人们对社会主流意识形态的拥护、追随与践履。

四、巩固思想政治教育的主导权

思想政治教育是一项做人的工作的实践活动，在这项特殊的实践活动中，“话语”发挥了重要的作用，它既是思想政治教育活动参与者交流的语言介质，又是思想政治教育内容的承载物，从动态的角度看，它还是思想政治教育活动的交往实践形式。因此，可以说，从话语分析的视角观察思想政治教育，可以将之作为一个由各种话语形式构成的话语场。话语是组构思想政治教育“肌体”的“基本细胞”，而思想政治教育信息的传播也正是在思想政治教育话语的交往实践中进行。思想政治教育话语权通过对思想政治教育中话语秩序的构建，推动教育关系的进行和思想主导的实现，因而，掌控思想政治教育话语权是巩固思想政治教育主导权的需要，主要体现为对思想政治教育实现价值主导、过程主导、行为主导。

（一）实现思想政治教育的价值主导权

在阶级社会中，思想政治教育始终具有阶级性，是代表一定阶级对其成员进行政治教育和道德教育的实践活动，因而必定带有鲜明的阶级意识和价值导向。统治阶级正是通过思想政治教育对社会成员进行价值导向，实现阶级意识形态的传承和再生产，巩固思想领域的领导权。思想政治教育话语权从根本上说就是思想政治教育主导权的呈现，同时也是提升思想政治教育主导权的话语方式。思想政治教育话语权的运作也旨在扩大思想政治教育的价值主导效用，因而思想政治教育话语权与思想政治教育主导权在价值目标上具有一致性，都是服从与服务于占统治地位的阶级思想统治方面的需要。通过掌握思想政治教育话语权，占据思想政治教育主导权的阶级将自身的意志和利益运用恰当的话语方式予以表达，并使之上升为社会的主流话语。一方面通过理论化的方式将其体系化、科学化，增强主流话语的理论说服力；另一方面通过社会化的方式将其生活化、个体化，扩大主流话语的社会基础。通过话语主导引领社会风尚，从而推动价值主导的实现。

（二）实现思想政治教育的过程主导权

“思想政治教育过程是教育者根据一定社会的思想政治要求和受教育者思想政治素质形成发展的规律，对受教育者有目的、有计划、有组织地施加教育影响，促使受教育者产生内在的思想矛盾运动，以形成一定社会所期望的思想政治素质的过程。这一过程的实质就是把一定社会的思想观念、价值观点、道德规范转化为受教育者个体的思想政治素质。”而从话语的角度看，思想政治教育过程就是在教育者主导下，教育者与受教育者之间进行具有价值导向与教育目的的话语实践，而思想政治教育过程的效果则体现为将一定社会的价值观念、思想观点、道德规范等教育信息，由受教育者的“外部话语”转化为受教育者的“内部话语”，实现思想政治教育社会内容的对象化和个体化。在思想政治教育过程中，教育关系体现为一定的话语关系，一般情况下，教育者凭借知识和角色成为思想政治教育话语权的掌握者，通过运用话语材料，选取恰当的话语方式，把握话语节奏，构建话语秩序，实现话语主导。通过构建话语关系，控制教育过程。列宁曾深刻地指出：“在任何学校里，最重要的是课程的思想政治方向。这个方向由什么来决定呢？完全而且只能由教学人员来决定。”可见，话语既是教育者的教育工具也是教育过程主导权的外显，教育者通过话语秩序来体现和维护教育秩序，在话语关系、教育关系的交互过程中，实现对思想政治教育过程的主导。

（三）实现思想政治教育的行为主导权

话语不仅是人类沟通的介质，更是人类进行交往的实践形式，它具有“以言行事”的实践性。思想政治教育话语的实践性体现为通过对正确的世界观、人生观、价值观的倡导，推动受教育者主观世界的改造，并最终使主观世界的改造反映到对客观世界改造的成效上来。此外，思想政治教育话语本身就给人们以方法论的指引，或者直接以社会行为规范的形态出现，引导着人们的行为。实现思想政治教育的行为主导是体现思想政治教育效果的深层环节，是思想政治教育价值主导与过程主导效用的验证。掌握思想政治教育话语权，只有使思想政治教育话语“入耳”且“入心”，才能用先进的理论占据受教育者的头脑，激励其意志和毅力等品格的锻造，指引受教育者。思想政治教育话语权必须推动受教育者将内化于心的良好品德外化为自觉行为，使主观见之于客观的过程焕发巨大的社会推动力。

五、提升思想政治教育的实效性

（一）思想政治教育的价值标准

思想政治教育既是人类发展的客观需要产生的实践活动，又是一定阶级或社会集团实现思想统治和价值引导的主观行为。“思想政治教育的有效性也就是思想政治教育活动在满足人们相应的需要、实现人们相应的目的方面所表现出的积极性。”可见，思想政治教育有效性体现了价值的关系范畴。思想政治教育有效性主要是指思想政治教育对谁而言是有效的，满足了谁的需要和目的，即明确思想政治教育有效性的价值主体。然而，思想政治教育一旦陷入价值相对主义而失去衡量标准，就会难以评判，也无法为思想政治教育实施者提供参考。思想政治教育话语权在本质上就是通过思想政治教育的话语主导推动思想主导和行为主导的实现，掌握思想政治教育话语权的阶级，不仅在话语关系中占据着优势地位，而且可以凭借其话语优势维护阶级利益，使本阶级主导的价值观成为衡量思想政治教育有效性的标尺。可以说，思想政治教育作为一种实践活动，每个参与人因其角色不同、作用不同、主观体验、自身需要的不同，对于思想政治教育有效性的评判、感知程度也必然不尽相同。仅仅以个人的标准来衡量思想政治教育有效性，并据此对思想政治教育进行调节，不仅在实践上不可能，而且在实际效用上更为有害。掌握思想政治教育话语权，就必须使价值主导体现在思想政治教育有效性的评判过程中，通过话语方式增强人们对价值标准的认同，扩大思想政治教育有效性标准的合法性基础，推动思想政治教育目标起点与效果终点的吻合，为思想政治的发展提供正确的价值导向，从而为争取思想政治教育有效性提供方向指引。

（二）发挥主导地位和主导作用

思想政治教育是阶级性与教育性兼具、科学性与价值性并存，同时要突出价值导向的教育活动。因此，提升思想政治教育有效性，必须给受教育者卓有成效的思想引导，这是由人的思想发展规律决定的。教育者通过掌握思想政治教育话语权，把握教育的价值导向，推动教育过程展开，进一步体现和巩固主导地位，发挥主导作用，确保思想政治教育有效性的获得。话语主导是思想政治教育话语权的话语外壳和表现形式，但是思想政治教育话语权的意义不能够仅仅停留在无形的话语层面，它更是一种教育工具、组织工具、评价工具。教育工具是协助教育者展现内容的载体或介质，思想政治教育话语权作为一种教育工具也具有承载思想政治教育信息的功能，其特殊之处在于运用话语优势将思想政治教育者的知识优势、信息优势以及角色定位表现出来，使话语关系与教育关系融合，使教育者通过发挥主观能动性、运用话语艺术的方式，在调节话语关系的过程中改进教育关系。作为一种组织工具，思想政治教育话语权通过思想政治教育活动中话语秩序的建立，维持教育活动中的组织秩序，使话语资源、教育资源有序流动，有利于推动教育者对思想政治教育活动的主导和控制工作。

（三）优化思想政治教育者与受教育者关系

教育者与受教育者是思想政治教育的中心范畴，科学认识和正确处理教育者与受教育者的关系问题是思想政治教育研究和实践的重要内容，思想政治教育话语权为处理这对关系提供了视角。思想政治教育话语权不是单纯由制度直接提供或与角色绑定的规定性权力，它是由思想政治教育话语权利、话语权力、话语能力综合形成的主导话语对象的话语影响力。不同于一般意义上教育关系中教育者、受教育者地位的明确区分，在话语关系中，教育者和受教育者都是话语的主体，都有表达观点和需求的话语权利，都有一定的话语资源，都有运用话语的能力，都能建构起对他人产生作用的话语影响力。因此，思想政治教育话语权是在承认、协调与整合各种“声音”的基础上形成的话语主导权，受教育者的表达权利和话语主体地位得到了尊重和体认，有利于受教育者意见的发表、疑惑的解答和观点的引导，从而不断促进教育者和受教育者关系的民主化，通过建立更深层次的认同，进一步推动思想政治教育有效性的实现。此外，教育关系的民主化客观上使得话语关系中话语主体间的竞争更为激烈，有利于推动教育者和受教育之间进行更为频繁、积极的双向互动，从而有利于提升思想政治教育有效性。思想政治教育话语权作为话语影响力是由话语主体的客观资源与主观能力结合形成的，所以不同主体的思想政治教育话语权在结构特点、话语立场、运行领域、作用方式以及主导效用上呈现出较大的差异。因此，从话语角度看，思想政治教育活动是各式各样的“声音”的话语场域，各种不同的话语权之间相互影响、竞争甚至冲突。谁掌握了思想政治教育话语权，谁就可以协调话语关系，实现自己的话语影响最大化。思想政治教育话语权的民主性必然促使不同话语之间的比较和竞争，而这种比较竞争将直接推动教育者和受教育者为争取话语权而进行积极的双向互动。一方面，这种运动的结果可以使得思想政治教育者不断地增加话语资源、改进话语方式以巩固话语权；另一方面，由于受教育者的积极性得到激发，主动性得到保护，受教育者不断开展有益的内部思想矛盾运动，在表达自身的过程中建构知识体系，锻炼思维水平而掌握话语权。

六、提升与彰显国家软实力

思想政治教育既要依赖一定的组织机构、技术平台等资源提供物质保障，又要依赖理想信念、思想理论等构成的软实力发挥精神引导，通过话语主导充分呈现思想政治教育的精神魅力，增强思想政治教育的说服力，提升思想政治教育的软实力。美国学者约瑟夫·奈认为，军事、经济等硬实力因素可以依托“大棒”来使人转变立场，然而，有时候也可以通过吸引他人追随和效仿来达到目的，这种非强制性的力量，不需要耗费更多实实在在的资源，它被称为“权力的第二张面孔”，这就是“软实力”。“软实力依靠一种不同寻常的手段促成合作，它依靠的是共同价值观所产生的吸引力，以及实现这些价值观所需要的正义感和责任感。”亚当·斯密说，“人在自由市场中被一只‘看不见的手’引领决策；在思想的市场上，这只无形的手就是软实力无须胁迫和交易，一种无形的吸引力自会劝诱人们走到一起。”思想政治教育的发展规律表明，只有增强软实力，才能实现一定阶级的价值主导，推动教育对象的思想进步。思想政治教育话语权也是运用话语主导加深内心认同、彰显思想的魅力、实现行为引导的柔性力量，思想政治教育话语权是提升思想政治教育软实力的时代需要。

（一）掌握思想政治教育话语权可以彰显思想的魅力

对于受教育者来说，教育内容的可接受性、可理解性、有说服力，是受教育者内心认同的必要条件。思想政治教育话语权运用话语的魅力，架起理论通往教育对象内心的桥梁，使理论、思想的力量滋润人们的心田，为达成价值共识、凝聚支持力量提供条件。马克思曾深刻地指出："批判的武器当然不能代替武器的批判，物质力量只能用物质力量来摧毁；但是理论一经掌握群众，也会变成物质力量。理论只要说服人，就能掌握群众；而理论只要彻底，就能说服人。所谓彻底，就是抓住事物的根本。但是，人的根本就是人本身。""理论掌握群众"的要旨在于"理论说服人"，而"理论说服人"的关键在于理论的彻底性，理论的彻底性的根本在于抓住人本身。如何使理论的彻底性充分展示并成为人民群众改造世界的物质力量，不通过细致动容、鞭辟入里的话语呈现是不能实现的。恩格斯也指出，"科学不是只向学术界吐露，还应为无产阶级所相信和使用，才能焕发出巨大实践价值。"只有通过话语主导彰显思想政治教育内容的真理性和价值性，激起教育对象内心的认同，才能使价值观的引领和凝聚成为可能，才能推动思想政治教育软实力的生成与发展。

（二）掌握思想政治教育话语权可以加深内心的认同

人的思想、品德的发展既要受到社会客观条件的影响，又要通过内在矛盾运动转化予以实现。因此，思想政治教育要取得成效，不经过主体内心的认同是不能达成的。思想政治教育不能使用胁迫的、强制外在力量压服受教育者转变思想，而必须运用说服教育、讨论争辩的话语方式以情感人、以理服人、以文化人，增强思想政治教育的软实力。"要人家服，只能说服，不能压服。压服的结果总是压而不服。以理服人是不行的。对付敌人可以这样，对付同志，对付朋友，绝不能用这个方法。不会说服怎么办？这就要学习。我们一定要学会通过辩论的方法、说理的方法，来克服各种错误思想。"思想政治教育在话语场中占据主导地位，意味着主导话语与多样话语的融合共生，而不是一言堂下的"口服心不服"。思想政治教育话语权是在话语双方的交往中确立的，通过交流、争辩、沟通、讨论甚至交锋，让矛盾充分暴露，并通过细致的说服教育、引导协调，从而化解冲突，使正确理论越辩越明，从而逐渐确立起言说者的话语权威，而另一方则愿意成为听众和追随者，实现话语权的让渡，此时“口服”则是“心服”的真正表征，而不是内心抗拒的虚假掩饰。

（三）掌握思想政治教育话语权可以实现行为的引导

思想政治教育话语权话语主导的目的在于实现思想主导和行为主导，即使话语客体将思想政治教育话语“内化于心”，更要“外化于行”。思想政治教育话语权通过感染和引导实现对话语客体的行为导向，不是依靠强迫“硬约束”，而是依靠思想政治教育话语的吸引力、话语实践的感召力。另外，还可以通过思想政治教育话语权的“言行统一”，通过“行”的力量来扩大“言”的感召，促使人们的行为发生相应改变。“思想理论教育，要靠真理的力量、逻辑的力量，更要靠人格的力量，教育者必须率先垂范，为人师表，首先按照马克思主义的理论要求去做，真学、真信、真干，带头实践自己提倡的道德标准和价值观念，这样才能教育和带动广大党员和群众，否则就会出现‘台上他说，台下说他’的思想理论教育苍白无力的状况。马克思主义是真理，真理是能说服人的，关键是要从自身做起，首先自己要做好，发挥好榜样的力量。言传与身教相结合，也就是真理的力量与人格的力量的统一。实践证明，这是一条最有效的经验。”“行”是“言”证，“言”以“行”彰，在言与行的相互印证中，思想政治教育话语权的感染力、说服力得到了进一步的提升，这也是思想政治教育软实力的重要体现。

（四）掌握思想政治教育话语权可以实现人的自由全面发展

作为对一个国家和民族共同利益或根本利益的反映，意识形态必须表达社会大多数成员的共同愿望，使各社会成员能协调和处理各种矛盾和利益，进而使全体社会成员能“团结一致”和统一行动。以马克思主义为指导的社会主义意识形态是我国社会主流意识形态，它是我们统一全党思想、凝聚民族力量的思想保证，也是实现社会和谐与进步的重要精神动力。促进和实现人的全面自由发展是马克思主义唯物史观的基本观点，也是社会主义发展的现实目标要求。马克思、恩格斯指出：“人的本质不是单个人所固有的抽象物，在其现实性上，它是一切社会关系的总和。”不仅如此，“社会关系实际上决定着一个人能够发展到什么程度”。也就是说，人的行动是由其所处其中的社会关系决定的，社会关系发生了变化，人本身也就发生了变化。在这个意义上，人的自由全面发展就是人的“社会关系”的发展，只有在高度发展的社会关系中，才能培养和造就出自由全面发展的社会主义新人，才能真正实现人的自由全面发展。促进人的自由全面发展是社会主义的本质要求，也是思想政治教育话语权建设的重要任务。在新的历史条件下，面对机遇和挑战，加强思想政治教育话语权建设，必须大力提升全民族的文化素质和每个公民的精神境界，大力加强职业道德、家庭美德、社会公德、个人品德建设，在全社会形成良好的道德风尚。

第三节　思想政治教育话语权的功能

一、宣传功能

思想政治教育话语宣传的主要任务是优化舆论环境，形成主流价值观的宣传合力。随着网络的兴起，思想宣传工作的“边界”不断拓展。一方面，国际国内社会竞争日趋激烈，国际上“一超多强”的格局还没有改变，我国意识形态并不完全安全。国内社会竞争同样激烈，市场法则导致优胜劣汰，传统道德体系和价值观念在竞争中受到前所未有的冲击，给思想宣传工作带来新的挑战。另一方面，网络改变了人们的日常生活、工作和学习方式。网络的快捷性、交互性、实时性深受大众喜爱。网络话语、网络热词、网络新闻也成为群众津津乐道的话题，但是网络话语鱼龙混杂、泥沙俱下，各种不良元素混迹其中。为此，要使网络空间清朗起来，关键在于优化舆论环境，形成宣传合力，为此，要“创新改进网上宣传，运用网络传播规律，弘扬主旋律，激发正能量，大力培育和践行社会主义核心价值观，把握好网上舆论引导的时、度、效”。随着思想宣传工作的不断拓展，宣传引导的时代任务愈加重要，宣传话语权作为舆论引导的主要载体，其内涵也得到不断丰富与完善。

宣传话语须发挥三大功能：一是对国家意识形态进行宣传与阐释。随着党的治国理政新思想、新理念、新要求不断提出，诸如“四个全面”“五个协调”“供给侧结构性改革”“命运共同体”等政治热词层出不穷，这些话语更加注重凝练、简洁、准确，因此有必要对其进行恰如其分的解读。二是对大众进行思想引领、精神形塑。任何一个时代的主流价值观都不是自发产生的，都需要进行引领和宣教。从洋务运动时期的“自强、求富”到新文化运动的“民主与科学”，再到民主革命时期的“新民主主义”，直至今天的社会主义核心价值观，无不经历了提出、宣教、理解、认同的过程。三是排除错误干扰，维护社会稳定。当代中国各种“思想”“主义”竞相发声，尤其是国外蓄意制造的意识形态和学术割裂，已经对我国局部地区的社会稳定构成威胁。加之国内各种不良观念的影响，使得我们这个时代比过去任何时候所面对的意识形态威胁都要严峻。思想政治教育宣传话语不能够盲目地追随外国话语体系，而必须“从中国实际出发，立足于中国的历史与现实，用中国的学术研究和话语体系解读中国实践和中国道路，打造具有中国特色、中国风格、中国气派的哲学社会科学话语体系”。

首先，思想政治教育话语必须承担起坚守中国特色社会主义意识形态话语阵地的历史任务，发挥其在社会主义意识形态话语传播、认同过程中理论宣传、理论教育的作用。“在大是大非问题、政治原则问题上没有‘开明绅士’，一定要有鲜明的态度、坚定的立场，敢于在风口浪尖上进行斗争。”思想政治教育话语必须坚持以中国特色社会主义意识形态为主导，并确保在原则性和方向性上不因何时何地何种事情做丝毫的改变，这既是对马克思主义的真理性和中国特色社会主义道路的固守和坚持，又能保证我国现代化建设的正确方向不因任何外在力量受到干扰，保证社会主义道路在人民的支持和拥护下走得越来越畅通。其次，思想政治教育话语必须加强对社会思潮的引领。在对多种社会思潮的引导方面，经济全球化不可避免会涌现多种社会思潮。多种社会思潮的出现实质上是在争夺中国特色社会主义意识形态话语权。而思想政治教育话语权的主要功能包含着通过对多种社会思潮的有效引领，使思想政治教育话语在多种社会思潮的交锋中先于发声、敢于发声、善于发声，达到党在宣传理论阵地掌握话语权的目的，进而掌握思想政治教育话语权。

二、凝聚功能

思想政治教育话语的凝聚功能是指通过一系列手段和理论，将人们对于美好生活的追求与国家的前途命运联系起来，并解决内部矛盾，形成政治共识，主导国家事业和工作。

首先，思想政治教育话语通过系统性的话语体系、针对性的话语理论和现代化的传播手段，将人们日常生活中遇到的话语难题与社会正在解决的话语问题结合起来，让人民群众将对美好生活的追求与国家的前途命运联系在一起[①]。这样一来，人们能够明确自身的价值观和追求，并为国家事业的发展贡献力量。其次，思想政治教育话语确立了内部团结的重要性，通过融入国家的理想信念，调整人们内部的矛盾，增强内部团结。同时，也解决了人们之间的话语矛盾，推动社会和谐发展。通过这样的方式，思想政治教育话语能够在内部构建共同的价值观，增强团结力量。最后，思想政治教育话语的凝聚作用还表现在形成政治共识方面。它通过调节社会政治关系、维持良性

① 陈露，朱宗友．新时代思想政治教育话语表达优化路径探析 [J]. 南京：南京理工大学学报（社会科学版），2024，37（01）：85-92.

和谐政治关系，维护社会政治稳定[①]。这种稳定的政治关系有助于形成社会政治共识，使国家能够整体发展，达到国家事业发展的目标。

中国特色社会主义一直是中国发展的旗帜和目标。坚持和发展中国特色社会主义是凝聚力量的关键。中国特色社会主义不仅仅是一种社会主义理论，更是面对全球化挑战的成功典范。它为中国提供了一条适应时代发展需要的道路。发展中国特色社会主义是新起点上要坚持的原则方向和继续奋斗的目标。在实现全面建成小康社会、实现建成富强、民主、文明、和谐的社会主义现代化国家的奋斗目标的过程中，马克思主义指导思想、中国特色社会主义共同理想、民族精神和时代精神都起着重要的作用。为实现这些奋斗目标，思想政治教育话语权需要深入领会中国特色社会主义理论体系的精髓，树立共同理想，认同和坚持中国特色社会主义道路[②]。只有通过思想政治教育，人们才能真正认识到中国特色社会主义的价值和意义，为实现社会主义现代化建设的目标而奋斗。

三、辩护功能

“辩护”是指为了保护自己或他人，提出理由、事实来说明某种见解或行为是正确合理的，或错误的程度不如别人所说的严重。思想政治教育话语的辩护功能，即思想政治教育为国家政权合理性、社会主流意识形态应然性及个体价值取向的正确合理性提供理论支撑和科学论证，或辨识和调整人们偏差的思想观念和生活方式。

在全球化的形势下，世界话语的丰富多样性得到显著发展，如何论证国家政权合理性、如何论证本国政权合理性是思想政治教育话语体系需要解决的首要问题。思想政治教育是巩固我国马克思主义意识形态主导地位的主阵

① 杨盼悦．思想政治教育凝聚价值共识研究 [D]. 长春：吉林大学，2023.

② 栾云镪，韩奕皇．回归主体间性：新时代高校思想政治教育的思维导向 [J]. 黄石：湖北理工学院学报（人文社会科学版），2024，41（01）：49-55.

地，其话语体系从中国共产党领导中国进行革命和建设的历史选择等方面向世界宣示了社会主义中国的存在和发展是人民的历史必然选择。在国际文化交流的过程中，思想政治教育话语应积极发声，不仅要向世界宣传关于和谐世界构建、“人类命运共同体”等发展理念，还要坚守中国政治立场并坚决反击诋毁言论。同时，思想政治话语体系必须紧扣时代脉搏，提升话语公信力。从客观上来讲，思想政治教育话语体系发展增进了国际社会对中国文化和价值理念的了解，有力维护了我国负责任大国的良好形象；中国话语对自身良好形象的推广，有力地回击了恶意鼓吹的“中国威胁论”和“中国霸权论”。概而言之，思想政治教育话语体系凝结着社会意识形态、中华民族精神和地域文化等文化话语精髓，必须丰富思想政治教育话语体系，才能确保思想政治教育话语权的有效发挥，才能保障国家话语在国际文化交融与冲突中的主体地位。

思想政治教育话语的辩护功能是通过对错误思想或者敌对思想的排除达到对正确思想的辩护，它体现了中国特色的思想政治教育话语应该具备的危机意识和责任意识，展示了应对风险和处理危机的能力，是维护社会主义国家意识形态安全的重要手段。思想政治教育话语辩护功能主要通过对多种社会思潮的批判，厘清多种社会思潮的真相，增强思想政治教育话语在认清多种社会思潮实质过程中的说服力和影响力，使思想政治教育话语在与社会思潮的争论过程中凸显先进性和指导性，将广大人民的关注点引入解决当前中国迫切需要解决的重大现实问题中来，用问题导向破解主义之争，用思想共识避免无用之争。

四、研究功能

思想政治教育在科研活动中的学科话语权具有两大功能：一方面，为教学话语提供坚实的学理支撑。从思想政治教育的研究任务可以看出，它是以人的心理接受规律作为研究对象。任何科目的课堂教学都需要贯彻育人目标，弘扬主流价值观。因此，只有对思想政治教育规律的研究越坚实越宽厚，才能为课堂教学提供科学依据。另一方面，思想政治教育为宣传话语提供不断创新的理论指导。思想是变革的先声，理论是实践的指南，学科话语是理论的集中表达。“理论的生命力在于创新。创新是哲学社会科学发展的永恒主题，也是社会发展、实践深化、历史前进对哲学社会科学的必然要求。”这阐明了学科话语的社会实践功能，即学科话语必须从社会实践中产生并在实践中接受检验。可以说，学科话语权的建设是学科建设、专业建设的基础，只有搞好学科话语创新才能为思想政治理论课、日常思想政治工作提供理论支撑。

（一）揭示规律是思想政治教育学术研究的主要目的

马克思主义与中国意识形态建设实践相结合，规定了思想政治教育及其话语体系的根本属性，它要求我们的学术研究必须在马克思主义理论指导下，抓住事物的主要矛盾，揭示现象的本质。第一，在概念的使用上要走出对西方理论的依赖。过去，有的学术研究存在一定的直接翻译、解释西方概念的现象。而在建设中国特色社会科学话语体系的过程中，我们应该使用贴近生活实际的话语，将中国理论、中国道路、中国制度讲得深入浅出，为受教育者认同主流意识形态创造便利条件。第二，避免在研究中使用晦涩难懂的术语，力争用准确、精练的话语进行理论分析，建立中国特色的思想政治教育话语研究范式。第三，在研究具体问题的时候，学科话语不仅要坚持原则、明确方向，更要从学理上反击各种错误思潮，以此增强理论的说服力。

（二）立德树人是思想政治教育人才培养的核心目标

所谓掌握规律是指通过思想政治理论课教学使学生认识、理解、运用规律。中共中央、国务院《关于进一步加强和改进青年思想政治教育的意见》明确提出了四项教育任务。第一，以理想信念教育为核心，深入进行树立正确的世界观、人生观和价值观教育。其重点是使青年正确认识社会发展规律，认识国家的前途命运，认识自己的社会责任，在把握规律的基础上坚定走中国特色社会主义道路，坚定中华民族伟大复兴的理想信念。第二，以爱国主义教育为重点，深入进行弘扬和培育民族精神教育。关键是把民族精神教育与改革创新的时代精神教育相结合，使青年在学习、生活以及未来的工作中保持积极向上的精神状态。第三，以基本道德规范为基础，深入进行公民道德教育。掌握基本的道德规范，如遵纪守法、明礼诚信、团结友善、勤俭自强、敬业奉献等，并将其运用到生活当中，培养良好的道德品质和文明行为。第四，以青年全面发展为目标，深入进行素质教育。其重点在于掌握民主法治、科学精神、人文素质、集体主义、团结合作等精神的内涵及规律。

（三）构建中国特色哲学社会科学，传播“中国好声音”

加快构建中国特色哲学社会科学，是历史赋予我们的时代重任。要坚持以马克思主义为指导，自觉把马克思主义中国化最新成果贯穿始终，转化为坚定的政治信念、清醒的理论自觉、科学的思维方法；要把研究回答新时代重大理论和现实问题作为主攻方向，聚焦习近平新时代中国特色社会主义思想及社会实践这一重大主题；要形成有效支撑社会主义意识形态的学科体系、学术体系、话语体系，推动地方特色新型智库的建设，讲好中国故事，展示好中国形象，传播好中国声音；要发挥广大哲学社会科学工作者的积极性和创造性，实施哲学社会科学创新工程和人才工程，建立规范的社会科学人才激励和奖励体制机制，进一步激发出广大哲学社会科学工作者的创新创造活力。

五、引导功能

（一）思想政治教育话语体系是社会主流意识形态发展的领航者

思想政治教育话语体系是社会主流意识形态发展的领航者。“宣传思想工作一定要把围绕中心、服务大局作为基本职责，胸怀大局、把握大势、着眼大事，找准工作切入点和着力点，做到因势而谋、应势而动、顺势而为。……巩固全党全国人民团结奋斗的共同思想基础。”一个国家，无论其经济水平如何发达、政治制度多么先进，倘若脱离强大的话语支撑，即便具备再多的现实优势和条件也难以转化为整合、凝聚社会资源的精神力量。总的来说，各种社会思潮对主导话语地位的争夺，实则也是各种话语体系对社会主体的争夺。一种意识形态要成为社会主流意识形态，首先必须保证社会成员对该意识形态的普遍认同。必须充分发挥思想政治教育话语体系对社会主流意识形态的引导作用。这主要体现在两个方面：其一，在马克思主义指导下，我国主流意识形态在社会舆论导向中必须坚持实事求是，对中国社会现实问题和国家形势进行真实、客观的分析。通过务实的思想宣传，让社会主体不仅对中国道路、中国制度及中国理论等方面所取得的成就有了客观的了解，还能够清楚地认识到中国在国际格局中的地位与贡献。其二，我国主流意识形态的发展必须始终坚持中国共产党的纲领、基本路线、方针、政策，坚持全心全意为人民服务的行为宗旨和国家利益、民族利益优先的重要原则，这不仅是社会主义的本质要求，也是思想政治教育话语体系的重要内容。

（二）思想政治教育话语体系是个体价值观形成和发展的内在动力

个体价值观的形成是个体在其思想积淀、价值判断、实践能力基础上做出的抉择，是在与社会的互动过程中形成的人生态度和理想追求。“社会精神产品所服务的社会主体范围决定了其作为精神产品的定位，也在根本意义上决定了其社会功能。”在多元文化的背景下，思想政治教育话语体系必须成为个体价值理念形成和发展的重要导向。首先，思想政治教育话语体系顺应社会现代化发展的精神需要。话语是时代精神的重要体现，思想政治教育话语体系始终秉持一种开放的态度，包容各种先进的思想观念和人文精神，保持话语体系的内在活力和时代风采，通过实践的反复检验并证明其话语的科学性，进而内化为人们的情感认同和行为习惯。其次，思想政治教育话语体系拥有庞大的话语队伍。话语体系建设离不开多层次的话语队伍。思想政治教育队伍不仅囊括高素质的专业化理论队伍，还涉及民间非专业话语队伍。话语队伍多层次、多领域发展，可以使思想政治教育能够把多种话语形式有针对性地传达给不同社会群体，增强思想政治教育的实效性。最后，思想政治教育话语体系必须拥有广泛且全面的话语平台。由于信息科技的快速发展，各种杂志、电台、报纸、论坛等现代传媒已成为现代思想政治教育话语内容的传播平台，这些平台涵盖互动、分散的社会信息，有效地扩大了传统话语体系向社会大众宣传推广的话语平台，让思想政治理论进入人们生活的方方面面。因此，思想政治教育话语体系是人们思想观点和价值理念生长发展的沃土，为个体的价值形成和发展营造了健康良好的理论氛围。

（三）思想政治教育话语体系是个体价值判断和抉择的重要参考

这种参考主要表现在两个方面：一方面，在社会生活中，社会成员首先必须明确自己进行价值判断和价值选择的标准是什么；另一方面，在价值判断和价值选择的过程中，社会成员必须明确价值选择的边界和立场。在社会转型形势下，社会成员的价值选择受到多元文化的影响，以社会主义核心价值观为主导的主流价值观需要为社会成员提供进行价值判断和价值选择的根本依据。思想政治教育是培养青年思想观念、政治观点和价值规范的主阵地，是解决青年思想困惑、价值困境的主要途径。因此，如何利用思想政治教育话语体系为提升青年思想政治素质与开展辩护成为当前思想政治教育重要功能之一。思想政治教育话语的个体辩护功能应从“辩”与“护”两个方面来实现。

首先，辨明是基础。什么是科学的价值观，什么是主流的价值观，如何践行主流价值观，如何依据主流价值观进行价值选择等关键问题是思想政治教育话语应当明确的。只有使青年从思想上明确是非，才能使之进行正确的价值判断和价值选择。其次，维护是保障。“不同时代的‘现实的人’的问题的变迁是推动思想政治教育发展的根本动力，也是推动思想政治教育话语发展的根本动力。”当今，在多元文化引起的多种价值观念并存的形势下，针对现实问题进行取舍，不仅要基于社会发展要求，而且应尊重人的发展需要，协调好社会发展与个体发展之间的关系，制定和谐的标准。这种标准的制定不仅是对主流价值观的维护，也是对多样性的价值观念的尊重，更是对消极价值观念的控制。在现阶段，我国社会发展的不平衡、不充分客观存在，社会成员的价值观也不尽相同，但主流价值观念和价值选择理应成为推进社会发展的中坚力量。

六、规范功能

（一）对多元思想的引领

思想多元化是现代社会发展的重要标志，正如马克思所指出：“统治阶级的思想在每一个时代都是占统治地位的思想。这就是说，一个阶级是社会上占统治地位的物质力量，同时也是社会上占统治地位的精神力量。”须坚持马克思主义意识形态在我国的主导地位以维护国家意识形态安全，以确保社会主义根本方向。思想政治教育话语体系是马克思主义理论体系、毛泽东思想和中国特色社会主义理论体系的有机统一体，必须在宏观层面保持马克思主义意识形态的一元主导地位。当然，一元主导并不是否认社会意识形态发展的包容性，而是在保证马克思主义意识形态主导地位的前提下，科学引领多种非主导意识形态合理地发展。这种合理性主要体现在两个方面：其一，开放性。意识形态是随时代发展不断吸纳新的因素以保持生机与活力的思想体系。我们在坚守马克思主义意识形态一元主导的同时，有必要加强马克思主义与其他意识形态的交流与斗争，为马克思主义意识形态发展与创新提供平台。其二，主导性。任何意识形态要实现其主导地位，必须满足两个基本条件：一是话语主体的权威性；二是话语内容的可信性。维护马克思主义意识形态的主导地位，本质上是对无产阶级统治地位的捍卫，也是凝聚社会主义向心力、推进现代化发展的政治保障。马克思主义理论体系的科学性不仅能够增强思想政治教育话语的公信度，而且是消解西方话语的迷惑性的有力武器。

（二）思想政治教育话语体系对个体思想偏差的规范

思想政治教育话语体系对国家话语、社会意识形态的规约，归根到底是立足于对每个社会成员思想规范的基础之上。现代社会的一个重要特征就是独立个性的形成与发展，加之信息的多样化，思想自由被越来越多的人推崇。外来价值观念的涌入使个体原有的“义利观”、集体主义等思想遭遇前所未有的冲击与挑战。思想政治教育话语体系作为以话语理论说服和实践应用性话语体系，必须规范个体思想，处理好“破”与“立”的关系。首先，“破”即破除。思想政治教育话语须对各种外来思潮进行深入的分析与批判，破除人们对外来思想的盲目追崇，让社会成员能够从理性角度审视外来价值观念及其背后所隐含的意图，从而消解其欺骗性。其次，“立”即建立。话语以文化为支撑，而“思想政治教育传递文化的重点在于民族价值观念和价值准则的传递，实质是人的精神世界改造的过程”。“中国特色社会主义文化，源于五千多年文明历史所孕育的中华优秀传统文化，熔铸于党领导人民在革命、建设、改革中创造的革命文化和社会主义先进文化，植根于中国特色社会主义伟大实践。”思想政治教育话语体系要不断汲取中华优秀传统文化，借鉴西方优秀思想成果，为文化发展注入活力，构建中国特色社会主义先进文化。同时，思想政治教育话语体系还要坚持以人民为中心，不忘为中国人民谋幸福、为中华民族谋复兴的初心和使命，使中国特色社会主义理论体系贴近实际、贴近生活、贴近群众，推进社会主义物质文明与精神文明的共同发展。

在国际交往的过程中，思想政治教育话语体系的基本功能也贯穿并作用于中国话语范式、社会主流意识形态及社会主体思想形成和发展的全过程。

思想政治教育话语体系建设将是一个确立、坚守的发展历程。我们必须在坚守“道路自信、理论自信、制度自信、文化自信”的基础上，坚定捍卫国家的根本利益，坚持服务大局，筑牢实现中华民族伟大复兴的共同思想基础。“我们不仅要让世界知道‘舌尖上的中国’，还要让世界知道‘学术中的中国’、‘理论中的中国’、‘哲学社会科学中的中国’，让世界知道‘发展中的中国’、‘开放中的中国’、‘为人类文明作贡献的中国’。”

七、维护功能

（一）维护政治稳定

思想政治教育话语维护政治稳定的功能主要体现在：其一，传播主流政治观念、引导政治行为、再生产政治关系。思想政治教育通过传播占统治地位的政治思想、道德观念和法律规范，使受教育者坚定正确的政治方向，提高政治判断力，并在政治意识的指引下参与社会政治生活。而这个过程就是个体政治社会化的过程，是受教育者认同政治角色，是统治阶级实现政治关系再生产的过程。思想政治教育在个体政治社会化中起到了积极的引导作用，对于维护政治稳定具有重大意义。其二，沟通上下信息，确保政策实施。思想政治教育在党和人民之间起着“沟通”作用。一方面，思想政治教育通过宣传社会主义意识形态和党的路线、方针、政策，促使人们将社会主义意识形态内化，认同并贯彻执行党的路线、方针、政策；另一方面，思想政治工作者通过倾听呼声，反馈来自群众的意见，为领导政治决策提供依据。这样一来，决策能够获得最广泛的认同，从而减少实施阻力，确保政策的正常实施。由此可知，思想政治教育在加强党和人民之间的联系、化解社会矛盾、增强社会凝聚力方面起着不可或缺的作用。

（二）维护经济秩序

1.确保了经济建设的社会主义方向

在经济领域，思想政治教育通过帮助受教育者牢固树立社会主义的共同理想，提高受教育者对社会主义经济制度的认识，提高受教育者贯彻执政党的路线、方针、政策的自觉性，确保我国经济建设始终沿着社会主义道路前进。

2.提高了劳动者的法治素养和生产积极性

思想政治教育通过法治教育以及道德教育，使劳动者知法、守法、用法，维护经济法治运行，并激发劳动者的积极性，激励他们积极学习科学文化知识、提高劳动技能，积极参与生产过程的管理，从而促进生产力的发展。

3.思想政治教育缓和了经济利益冲突

在市场经济中，经济利益冲突不可避免。思想政治教育能帮助个体在市场经济中化解矛盾、疏通思想等。通过缓解市场经济竞争中的利益冲突，思想政治教育能维护社会主义经济秩序的稳定性①。

（三）维护主流文化

思想政治教育话语通过对成员进行影响和教育，有助于形成符合社会或阶级需求的实践活动。这些话语不仅具有权威地位，还拥有传播主流文化的权力。它们的发展也是思想政治教育学科发展的重要方向，为重大决策提供了学理论证。其中，马克思主义理论给思想政治教育学科的发展提供了宝贵的支持和指导。马克思主义的理论基础和思想体系为思想政治教育提供了有力的理论支撑。这些理论的发展和研究不仅有助于加深对社会和阶级需求的认识，也为重大决策提供了学理论证的依据。为更好地传播主流意识，凝聚全民共识，清除思想障碍，还需进一步发展思想政治教育话语体系。这包括

① 马莹．思想政治教育亲和力提升研究 [D]. 长春：吉林大学，2023.

对主流意识形态的传播和辩护，以及对社会各个方面的影响力。通过建立强大的话语体系，可以更好地引导和影响成员的思想观念，以达到统一思想、凝聚社会共识的目的。

八、政治动员功能

思想政治教育话语维护主流文化的功能主要体现在：一是传播主流文化。思想政治教育是指社会或社会集团用一定的思想观念等内容对其成员施加有目的、有计划的影响，使他们形成符合一定社会或一定阶级所需要的实践活动。而思想观念、政治观点、道德规范等都属于文化范畴，是一种特殊的文化形式，主要包括政治文化和伦理文化。从某种意义上讲，思想政治教育就是政治文化、伦理文化的传播过程。由于思想政治教育的话语主体是统治阶级，因此思想政治教育话语拥有一定的权力保障和制度优势，这也就使得思想政治教育话语具有了权威话语地位，思想政治教育话语也就拥有传播主流文化的权力。二是为主流意识辩护。随着时代的发展，马克思主义面临着中国化、时代化的新任务。思想政治教育学科的理论家，只有不断通过科学化、科学化等手段发展马克思主义理论，才能为党的重大决策进行学理论证。这些理论的研究与论证都是不断充实和完善思想政治教育话语体系的过程，也是为主流意识辩护的过程，这种辩护有利于维护中国共产党执政合法性，凝聚全民共识，为社会主义建设事业发展扫清思想障碍。

第三章　新时代思想政治教育话语权转型的现实语境

在新时代，思想政治教育的话语权建设需要具备一定的语境。语境是指人们语言活动所发生的交际环境。根据社会环境的不同，语境可分为外语境和内语境。外语境是指影响教育关系的因素，而内语境则是教育本身内在的要素。

在当前的社会背景下，经济全球化和新媒体的涌现等成为影响思想政治教育话语权建设的外语境。随着国际政治、经济和文化交流的增加，不同语言的交流空间开始整合，并且在全球化的趋势下不断扩大。在这个“地球村”中，人们可以自由地使用各种语言来表达和交流思想观点。这也同时意味着原有的话语格局和秩序会面临解构和重构的挑战。

因此，复杂的话语语境既为思想政治教育的话语权建设带来了新的机遇，也提出了严峻的挑战。在这种环境中，思想政治教育需要不断适应和调整，以确保其话语权的稳固。在面对不同语言和文化的交织和碰撞时，思想政治教育应积极主动地推进多语言、多文化的融合，促进语境的多样性和包容性。

换而言之，思想政治教育需要在适应新时代的语境要求的同时，坚守自身的核心价值观和宗旨，确保话语权的建设符合社会发展需求和人们的实际需求。应积极迎接语境挑战，并通过建设与合作，推动话语权的进一步发展、壮大。这样，思想政治教育才能真正发挥自己的作用，为培养新时代的合格公民作出应有的贡献。

第一节　全球语境

随着全球经济一体化的快速发展，思想政治教育也发生了一定的变化。首先，全球化改变了思想政治教育的存在与发展状态。传统上，思想政治教育主要是在国家范围内进行的，而全球化使得世界各国之间的联系更加紧密，思想政治教育的范围逐渐扩大到跨国层面。这对传统意义上的思想政治教育体系提出了新的要求和挑战。

其次，在全球化背景下，不同国家的文化思潮和价值观念相互影响和渗透。全球化使得各国之间的交流更加频繁，不同文化的思想观念在相互碰撞中相互影响。本土与外来、传统与现代、先进与落后的思想观念在激荡中博弈。这为思想政治教育带来了更加多元化的挑战，需要教育者与学生更开放地面对不同的观点、价值观。

最后，全球化丰富了思想政治教育的话语资源，同时也给思想政治教育话语权建设带来深刻的挑战。随着信息交流的全球化，不同国家的思想政治教育经验和理论都可以被共享、学习，这为思想政治教育提供了更多的参考和借鉴。话语权的建设也面临着困难和挑战。不同国家之间的经济实力和教育资源不平衡，导致一些国家在全球化中的思想政治教育话语权相对不强。因此，思想政治教育者需要努力提高自身的话语权，积极参与全球化进程，并与其他国家进行合作和交流。

面对机遇与挑战并存的话语格局，思想政治教育需要把握经济全球化带来的新机遇，努力迎接挑战与化解风险。教育者要加强对全球范围内的思想政治教育理论和实践的学习、研究，提高自身的思想政治素养与理论水平；要积极参与国际合作与交流，与其他国家的思想政治教育者共同面对全球化带来的问题、挑战；要加强国内思想政治教育的改革和创新，提高教育的质量和效果，使思想政治教育真正适应全球化的要求。

一、全球化视域中思想政治教育话语权建设面临的新机遇

全球化对于思想政治教育话语权的建设而言，既是机遇又是挑战。全球化的不断加深为思想政治教育提供了广阔的舞台，加强了国际的交流与合作，为思想政治教育的发展提供了更多的资源与机会。但全球化也为思想政治教育带来了一定的挑战，如多元文化、价值观的冲突，以及媒体发展、信息传播的变化等。思想政治教育话语权重构是时代发展的必然要求。在全球化背景下，思想政治教育的话语权不再是单向的传授与灌输，而是需要与全球化趋势相适应，强调多元文化与价值观的理解、尊重。思想政治教育话语权的重构需要思想政治教育者具备全球化背景下的思维方式与视野，能够准确把握全球化对思想政治教育带来的影响，并积极探索新的教育模式与方法。马克思主义作为我国主流意识形态，在新时代，具有对全球化问题深刻洞悉和解答的作用，能够推动思想政治教育的发展。马克思主义的核心理论和价值观念，为思想政治教育提供了坚实的理论基础和价值取向。同时，马克思主义的发展也需要与全球化相互交融，将全球化视作马克思主义意识形态创新发展的基本历史向度。

全球化是一个多维度的视角，涵盖了世界资本主义经济、民族国家体系、世界军事秩序和国际劳动分工等方面①。阿芒·马特拉认为它是一种内外的商业活动，有着特定的公司组织模式和与世界空间建立关系的模式②。全球化也是各个方面的全球性话语表达，如经济、政治、文化、社会等，是由主体所构建的表达方式。

---

① 程婧．思想政治教育积极心理方法研究 [D]. 徐州：中国矿业大学，2019.

② 姜良杰，姜鹏飞．全球化背景下的高校思想政治教育工作研究 [J]. 北京：中国电力教育，2010，（36）：159-160.

作为一种话语形式，全球化有以下三个方面的内涵。首先，它跨越了民族和地区的界限。其次，它广泛涵盖了多种话语类型，包括经济、文化等。最后，全球化的话语具有建设性，不仅描述着现实世界的事实，还致力于构建新的话语体系。但全球化的广泛性、跨区域性和渗透性特点给地区和民族话语造成了较大的影响，它冲击和解构着民族性话语①。强势的话语主体可以采用隐蔽的方式，通过抹除民族意识形态，达到其政治目的，并通过文化殖民来解释殖民主义的新内容。

全球化实质是国际话语权力的争夺。国际话语权力反映了一国在国际社会的话语权力结构。在全球化的背景下，国家之间的竞争不仅限于经济和军事领域，而且还包括对话语权的争夺。话语权可以理解为一个国家在国际社会中影响力和话语发言的能力，它代表了一个国家的国际地位和实力。因此，争夺国际话语权成为国际社会中各国追求自身利益和影响力的重要方式。

思想政治教育话语权与全球化话语权存在亲缘关系，可以实现接轨。在全球化过程中，各国的思想政治教育体系互相影响和渗透，国家之间的思想政治教育话语权重要程度日益凸显。国家的思想政治教育体系能否取得全球化话语权，决定了它在全球化过程中的竞争力和影响力。因此，思想政治教育话语权与全球化话语权之间存在着密切的亲缘关系，通过加强思想政治教育体系的建设和改革，一个国家可以更好地适应全球化的趋势，提升自身在国际社会中的话语权力。

思想政治教育话语与全球化话语共同属于一般性的话语范畴。话语范畴是指具有影响力和话语发言能力的领域或主体。思想政治教育话语和全球化话语作为各自领域内的权力竞争，都反映了国际社会的话语权力结构。它们都是各国在这个全球化时代争夺影响力和话语发言能力的重要手段。虽然思想政治教育话语和全球化话语彼此独立存在，但它们又相互关联、相互影响。

① 李辽宁. 当代中国思想政治教育意识形态功能研究 [D]. 武汉：华中师范大学，2006.

通过加强思想政治教育体系的建设和改革，一个国家可以更好地适应全球化的趋势，提升自身在国际社会中的话语权力，从而实现思想政治教育话语与全球化话语的共同发展和进步。

（一）全球化为多元价值观的融合与共生提供了可能

保护和传播本土文化是全球化为本土文化所带来的一个重要挑战。由于全球化的冲击，传统的血缘、地缘等因素，已经无法完全影响人们的文化认同。取而代之的是一个复合多元的文化空间的形成。在这个多元的文化环境中，保护和传承本土文化显得尤为重要。为解决这一问题，人们需要通过思想政治教育来建立话语权。目前，主流意识形态亟须调整，要在多元文化中传播社会主义核心价值观和中华民族的优势文化，并寻求国际共识。这样的调整既要保护本土文化的特色和独特性，又要推动它与全球文化的融合。

全球化时代给多元价值观带来了一些冲突，但也同时存在着融合与共生的可能性。人们应以包容和开放的态度来看待这种多元性，并通过对话和交流来促进不同文化之间的理解、和谐。

在当前，思想政治教育需要重点关注如何在新的时代条件下建立话语权。这涉及教育体系的改革和创新，以及培养具备全球视野和跨文化交流能力的人才。只有通过有效的思想政治教育，才能更好地保护和传承本土文化，并在全球化的浪潮中找到自己的定位和发展空间。

中国传统文化在近年来逐渐成为一些知名大学的热门选修课，而且深受学生喜爱。特别是在美国的哈佛大学，《古代中国伦理与政治理论》课程成为大受欢迎的课程。这一现象体现了中国文化在国际大学教育中的重要性，并且改变了土生土长的美国大学生对中国的看法。在过去，中国文化对美国学生来说似乎是陌生而遥远的。通过这些选修课的学习，美国大学生开始逐渐了解和掌握中国传统文化的精髓。这种了解改变了他们对中国的看法，不再将其简单地视为一个东方国家，而是将其作为一个深沉而庞大的文化体系来认识。特别是哈佛大学的学生对道家思想表现出强烈的兴趣和喜爱。道家思想被认为有助于缓解压力和提供个人内在自由，这与美国年轻人所面临的高压学习和竞争环境形成了鲜明对比。学生通过学习道家思想，能发现一种平静与内在力量的源泉，因此纷纷将其应用于自己的生活中，以帮助他们更好地应对压力和追求个人内心的自由、平衡。在这些选修课的背后，也反映了中国文化的独特魅力和久远智慧的吸引力。学生对于中国传统文化的兴趣不仅仅是对知识的追求，更是对人类智慧和文明的探索。通过学习中国文化，他们意识到人类文明的多样性和丰富性，进而增强了他们的全球化意识和跨文化交流的能力。

在当下全球化时代，为了更好地实现思想政治教育话语权，在实践中需要注意并坚持以下几个关键点。首先，国际化思维和本土立足并重是实现思想政治教育话语权的基本原则。国际化思维指的是在对外交流中宣传最新的中国化马克思主义成果，积极介绍中国在经济、文化、社会等领域的发展成就。同时，也要保持中华优秀传统文化的延续与发展，让国际学术界了解和尊重中国的文化传统。其次，综合运用国际视野和民族视野是思想政治教育话语权实现的方向。这需要吸收世界文明成果，学习借鉴其他国家的先进经验和教育理念，但同时也要突出中国特色文化的优秀基因，实现世界性与民族化的结合，让思想政治教育具备中国特色。再次，遵循开放性原则，但避免盲目照抄照搬。在表达自己的观点和立场时，要运用恰当的语言和方式，坚决避免盲目模仿西方的流行概念、分析框架和表达形式。要有独立思考的能力，根据中国的国情和实际情况提出有针对性的解决方案和理念。最后，要抓住历史机遇，注重吸收世界先进文化及其优秀话语表达。虽然在经济全球化时代，思想政治教育话语权面临着挑战，但也应该看到其中的融合共生可能。通过吸收国际上的优秀思想文化，赋予思想政治教育话语以实践特色、时代特色和民族特色，以适应时代的发展和国际交流的需求。

（二）全球化为我国提升对外话语权提供了重要机遇

在全球化传播时代，国家之间的竞争与胜负不仅仅取决于经济发展与军事建设，还取决于谁讲的故事更能赢得人心。在这个背景下，中国要讲好承载中国梦的中国故事，就需要深入研究传播规律，并运用符合外国受众兴趣和心理特点，又具有民族性、时代性和大众性的语言。为了提高讲故事的能力，我国还需要总结国内的传播实践，并借鉴发达国家的传播经验。可以通过总结优秀的传媒案例和成功的传播策略，来指导今后的故事创作和传播实践。这样，中国可以提升自身在国际舞台上的话语权，赢得更多人心，为实现中国梦贡献力量。

在传播中国故事的过程中，要避免空洞的概念传播，而要多讲一些鲜活的故事。这些故事可以是来自不同领域、不同职业个体的梦想，通过他们的经历来折射民族梦和国家梦。可以挖掘出一些国际主流舆论关注的人物，通过他们的故事来传播中国故事。同时，也可以挖掘一些普通外国人在中国实现中国梦的素材，用讲故事的方式向外国人传播中国梦。一个成功的案例是李昆武的《从小李到老李——一个中国人的一生》漫画。这部漫画成功地传达了中国梦的生动和有效性。通过描绘实际人物和真实故事，这部作品超越了国界，打动了人心。可以借鉴这样的案例，通过实际人物和真实故事的描绘来传播中国梦。为更好地传播中国梦，还要加强对外传播策略的研究，并形成易懂、有效的对外传播方式。这就需要深入了解外国人的文化和心理，以及他们对中国梦的认知和理解。这样，才能用一种易懂有效的方式将中国故事讲好。

扩展思想政治教育话语权的国际传播力是一个重要的任务。为了提升这一话语权，可以通过拓展传媒媒介来扩大国际传播的影响力。电影、电视剧、纪录片、新闻传播等媒介是思想政治教育话语权的重要实施载体，它们能以生动有趣的方式传达思想政治教育的内容。影视作品在文化传播中扮演着重要的角色，它们不仅展示了国家形象，还能传递政治信息。因此，要通过优秀的影视作品来传递本土价值观念。要扩展思想政治教育话语权的传播，就要加强多种传播媒介的功能和作用，使之成为国际话语权竞争的有力武器，媒体渠道的扩展对于提升思想政治教育话语权至关重要①。通过扩大传媒媒介的范围和覆盖面，能够将思想政治教育内容传播到更多的国家和地区。此外，文化产业的繁荣与进步也是提升思想政治教育话语对外传播的关键因素。

二、全球化视域中思想政治教育话语权建设面临的新挑战

全球化对人们的生活方式和社会发展模式都产生了一定的影响。这种全球化趋势使得远距离的社会事件和社会关系与地方性的场景交织在一起，形成了一种在场和缺场纠缠的现象②。

在这一过程中，传播媒介起着非常重要的作用。传媒是思想政治教育话语权建设的重要实施载体，也是主流意识形态传播的主要途径。因此，提升我国国际话语权变得尤为重要③。

为了实现这一目标，需要人们清醒地认识形势，维护我国的意识形态安全。这就需要坚定“四个自信”。通过积极扩大国际话语权，捍卫自己的利益，塑造自己的形象。同时，也能更好地参与全球治理，发挥更大的影响力。因此，提升我国国际话语权的重要性不容忽视，要全力以赴地加强自身的实力和影响力，以实现国家的长远发展目标。

当前中国正进入一个重要的阶段，即话语权意识觉醒与国际话语权博弈时期。近年来，中国通过重大赛事和国际会议等多边场合频繁发声，逐渐增强了对外传播的能力。但中国在国际话语权竞争中仍处于起步阶段，话语地位尚未完全改变。

---

① 陈昂，金晓燕．解构与建构：全过程人民民主对西式民主的话语批判 [J]. 乌鲁木齐：实事求是，2024，（01）：46-55.

② 宋芳明．思想政治教育情境建构的理论研究 [D]. 上海：华东师范大学，2021.

③ 蒋旦悦，刘丹平，汤燕等．网络社交“圈层化”对高校思想政治教育的挑战及其应对 [J/OL]. 沈阳：沈阳农业大学学报（社会科学版），1-6[2024-01-24].

为改变我国在西方话语体系中的固有印象，需要建立一个世界公认的独立的话语体系。这就需要我国主流媒体大幅提升在国际上的影响力和地位，加强具备国际视野的稳定性。与世界一流的国际媒体相比，中国主流媒体存在覆盖范围和节目覆盖人数的差距[①]。同时，中国主流媒体的内容和质量也需要提高。这包括增加丰富性、展示国际性话题以及提高传播针对性。此外，主流媒体还要提高获取国外信息资源并报道的能力，提高整体制作水平、报道水准，以及注重评论和分析的深度。我国主流媒体要努力提高对外传播中国话语的能力，缩小与国际一流媒体的差距。在全球化时代，应与国际社会紧密联系，加强对外传播，以增强我国的话语权和国际影响力。

国际关系中，国家间的综合实力竞争已成为越来越重要的因素。在约瑟夫·奈提出“硬实力”和“软实力”概念后，国家软实力逐渐受到广泛关注。硬实力主要指军事、经济和科技等具体资源相关的力量。而软实力则与文化、意识形态和制度等抽象资源相关。通过文化吸引力、意识形态吸引力和塑造国际政治议题的吸引力等，国家可以在国际舞台上塑造自身形象，增强国际影响力。近年来，中国在政治、经济、文化和全球性问题等领域中的影响力逐渐增加。中国的文化、传统价值观和道德规范等在世界范围内广泛传播，吸引了许多国家的关注。

① 崔楠．新时代提升网络意识形态话语权研究 [D]. 大连：大连海事大学，2023.

第二节　新媒体语境

一、新媒体语境下思想政治教育话语权建设的新机遇

（一）新媒体的定义

新媒体最初指的是电子录像，但如今对于新媒体的定义却存在着许多不同的观点。其中，网络论认为新媒体是以数字技术为基础，以网络为载体的传播媒介。传播论则认为它是指“所有人面对所有人的传播”[①]。相对论将新媒体定义为相对于旧媒体而言的。当今，新媒体主要是指在电脑资讯处理技术上出现和影响的媒体形态。按照当前的认识，报纸被视为第一媒体，广播是第二媒体，电视是第三媒体，互联网是第四媒体，而手机则是第五媒体[②]。但学术界对于新媒体的定义和内涵存在着争议，不同的解读反映了不同的思路。需要明确的是，新媒体是一个相对的概念，具有时间上的相对性。随着技术的不断变革，新媒体会持续发展，而现在的“新媒体”也会逐渐成为“传统媒体”。

新媒体是基于信息技术与网络技术的，它不仅仅是技术的发展，更是与政治、经济、文化等方面紧密相联的。新媒体的涌现深刻地改变了网络用户的生存方式，使人们进入了一个全新的时代。

新媒体的发展对我国社会形态的进化起到了推动作用。它由数字技术、网络技术和移动通信技术支撑，彻底改变了人们制造、传递、获取信息的方

① 方兴东，胡泳．媒体变革的经济学与社会学——论博客与新媒体的逻辑 [J]. 北京：现代传播，2003，（06）：80-85.

② 刘亮．数字化时代思想政治教育方法论创新研究 [D]. 南昌：江西财经大学，2023.

式。过去，信息的传播受限于时间、空间等因素，而现在，借助新媒体，信息传播已经变得更加便捷、快速和广泛。这使得人们可以更加方便地获取到各种信息，无论是娱乐、学习还是社交等方面。同时，新媒体也消解着人类社会现有的秩序，构建着社会的新媒体语境。传统媒体话语权逐渐失去了对社会的主导作用，取而代之的是新媒体的崛起。新媒体的革命性在于它代表了技术的进步、传播语境的改变以及传统话语权的结构和内容生产方式的转变。传统媒体的内容一般是由少数媒体机构掌控和主导，而新媒体则赋予了普通人自由表达和分享的权利，使人们可以自由地发表自己的观点和意见。

（二）语境的分类

在人类学领域，语境被认为是语言交际活动中至关重要的因素之一。英国人类学家马林诺夫斯基将语境分为情景语境和文化语境。情景语境适用于不同语言的翻译和解读，而文化语境则用于分析参与者的文化背景。

美国人类学家爱德华·霍尔将语境分为“高语境”和“低语境”，用于描述不同语境文化下的交际活动特点。在高语境的交往中，人们更依赖于对语境的敏感和暗示。大部分信息都是通过非语言编码传递，很少使用语言进行编码和解码。相比之下，在低语境中，人们更依赖对语言本身的使用，需要更加精确地表达与理解。高语境文化的特点包括内隐、含蓄，暗含信息，并倾向于使用非言语编码。人们的反应往往不会公开展示，而是更多地在圈内表现出来。此外，人际关系非常紧密，社交中注重高度承诺，时间处理更加灵活。低语境文化则更加外显、明了，明码传递信息，使用较多的言语编码。人们的反应更加公开，不仅在圈内展示，在圈外也比较灵活。此外，人际关系不那么紧密，社交中注重低度承诺，时间更加有组织化。

（三）新媒体语境的定义

新媒体技术的出现，将人际交往由传统的面对面交流扩展到了网络空间。无论是社交平台、即时通信应用还是网络游戏，新媒体已经成为人们日常生活中不可或缺的一部分。新媒体在给人们带来便利的同时，也引发了一系列新的问题。最明显的差异就是新媒体语境中的虚拟性。不同于现实世界，新媒体中的人们可以隐藏自己的真实身份，这使得人们无法准确地获取他人的真实信息。在新媒体中，只能看到表面上的文字和图片，而无法获知背后隐藏的真实意图和情感。

由于新媒体中普遍存在隐藏真实身份的现象，因此，言说内容和方式也相应地发生了变化。在现实世界中，人们通过面部表情、语调和肢体语言来传递信息和感情，而在新媒体中，这些非语言要素被剥离，留下的只有文字和表情符号。人们在新媒体中的言论和行为更容易被误解，甚至引发冲突和争议。高低语境理论在新媒体中逐渐失去了其原有的作用，人们不再依赖语言的隐含义来进行交流。所以，可以将新媒体语境定义为：基于新媒体技术的虚拟语境。

新媒体语境并不是仅仅指技术的存在，它也包括了器物层面、交往层面和文化层面。器物层面是指新媒体的工具、设备和平台，这些技术的发展直接影响了人们对新媒体的使用习惯和行为方式。交往层面则强调了新媒体的社交性质，人们通过新媒体来建立和维持社交关系，这使得社交网络变得更加复杂而错综。文化层面是指新媒体传播的价值观、观点和思维方式，这些文化元素在新媒体语境中得到了更广泛的传播。

（四）新媒体的出现对思想政治教育话语权的影响

1.运作模式由工具理性向工具理性与交往理性的有机统一转换

工具理性是指通过实践验证工具或手段的可用性，追求事物的最大功效，以实现某种功利[①]。在传统思想政治教育活动中，基于工具理性的模式是以“灌输–控制”为核心，通过教育者传达特定的思想政治观念和价值观，以控

① 崔楠.新时代提升网络意识形态话语权研究 [D]. 大连：大连海事大学，2023.

制受教育者的思想和行为。但随着新媒体的兴起，传统思想政治教育的话语中心逐渐被解构，教育者与受教育者之间的关系也发生了变化。受教育者不再是被动地接收信息，而是转变为自主学习、自主建设的学习模式。这种转变增加了话语主体和客体话语的多样性，引发了张力。同时，这种转变也凸显了话语符号间的差异与对立。不同的倾向、观念和立场在新媒体的传播中相互碰撞，形成了多种声音和观点的竞争。受教育者不再受限于固定的思想政治观念，而是面临更多选择和挑战。除此之外，新媒体的出现还凸显了话语语境的多维性。在传统的思想政治教育中，话语的传递通常在特定场景下进行，而新媒体的出现使得话语的传播不再受限于时间和空间，能够在不同的语境中被传递和理解。这使得话语的效果和意义变得更加复杂、多维。

在新时代，思想政治教育模式正在从“灌输–控制”向“灌输–控制”“引导–建设”的工具理性与交往理性有机统一模式转变[①]。这种转变能有效促进思想政治教育话语权的建设，提高思想政治教育话语权的影响力和效果。

2.思想政治教育话语权出现了转移和重新分配

随着新媒体的兴起和普及，教育环境发生了变化。首先，新媒体使得信息获取更平等和开放。通过新媒体，人们可以自由地获取到各种教育相关的信息，不再受制于教育者的限制。这使得信息的传播不再是单向的，而是双向的，学生们也拥有了获取信息的机会和权利。

其次，新媒体改变了传统的信息传播结构。传统信息传播结构中，教育信息传播往往是自上而下的等级结构，教育者拥有话语权，并通过一些传统媒体向学生传递信息。但新媒体的出现打破了这种传统结构，给予了受教育者更多的话语权。现在，学生可以通过微博、论坛等平台发表自己的观点和经验，并与其他人进行交流、讨论。这种开放性的交流与互动使得教育环境更民主化、平等化，学生的声音也得到了更多的关注和认可。

---

① 阿剑波 . 思想政治教育现代化发展研究 [D]. 兰州：兰州大学，2020.

最后，受教育者的话语权逐渐上升。通过新媒体平台，学生获得了更广阔的实践机会。他们可以在博客上分享自己的学习经验和观点，也可以参与在线课堂讨论，与其他同学和教育者交流、互动。这种参与式的学习体验使得学生不再只是被动的接受者，而是积极参与者。他们的话语权逐渐上升，他们的声音也得到了更多权威的认可。教育者不再独占话语权，而是需要与学生平等地进行对话和交流。

3.思想政治教育话语权的实施载体更加丰富

互联网技术对于思想政治教育话语的影响力与多样形式的提供，已经成为一个不可忽视的现象。在现代社会中，互联网的普及和发展已经改变了人们获取信息和交流的方式。同样地，思想政治教育也须适应这一变化并充分发挥新兴载体的作用。

首先，互联网通过信息的广泛传播，赋予了思想政治教育话语更大的影响力。相比传统的教室和书本传授，通过互联网技术，每个人都可以在全球范围内获得信息和知识。这种广泛传播的渠道给予了教育话语更多的受众，同时也提供了更多的平台来传递教育内容。因此，互联网技术为思想政治教育话语的传播提供了更多的可能性。

其次，互联网也为思想政治教育话语提供了时效性保障。在传统的教育模式中，教材往往需要一段时间才能更新。而互联网可以迅速更新信息，保持教育内容的时效性。无论是政治观念的引导，还是社会热点问题的解答，互联网都可以在第一时间提供相关的信息，使得思想政治教育话语能与时俱进。

最后，信息网络技术改变了人们的交往方式，为思想政治教育话语的扩展提供了新的机遇。通过社交媒体和在线平台，人们可以进行互动交流，分享观点。这种交流方式扩大了教育的传递范围，使得思想政治教育话语能更立体、多样地传递给学生和公众。同时，互联网也提供了个性化学习的机会，能帮助不同层次的学生更好地理解和应用思想政治教育的内容。

二、新媒体语境下思想政治教育话语权建设的新挑战

新媒体的出现为思想政治教育工作带来了新的途径、新的舞台和新的机遇。通过新媒体平台，可以更广泛地传递教育内容，与广大学生进行互动交流，促进思想观念的传播和学生的思维发展。同时，新媒体也为教育工作者提供了创新和多样化的教学手段，例如，在线课程、教育网站等，极大地丰富了教育形式和内容。但新媒体的出现也带来了新的问题、新的挑战和新的思考。因此，要理解、适应、应对不断变化和发展的思想政治教育育人环境。在思想政治教育话语权建设中，要兼顾学科性与意识形态性。思想政治教育是一个特殊领域，既需要传授学科知识，又需要进行思想影响和引导。因此，在新媒体时代，要注重科学性和客观性，避免过分强调主观意愿和个人立场。同时，也要注意话语权的建设应符合国家法律和政策，不损害国家利益和社会稳定。

（一）话语主体与客体关系的转型带来的话语权挑战

随着新媒体的出现和普及，人们开始重新思考话语主体与话语客体之间的关系。在传统媒介语境下，思想政治教育主体与客体之间被看作是一种单向衔接关系，即主体通过传递信息来影响客体的思想和行为。但近年来，随着主体间性教育理念的运用，教育主体与客体之间的关系开始向双向互动转变。

主体间性教育理念强调了教育主体与客体应该彼此激发，互相影响，形成一个相互主动参与的关系。这种转变在教育过程中变得尤为重要，因为它能够激发学生的主动性和创造力，同时也可以让教育者更好地理解学生的需求和思考方式。但这种主客关系的转变不是一成不变的，而是随着不同教育阶段而发生转变。在早期阶段，教育主体通常会扮演着引导者和启发者的角

色，而学生则扮演着接受者和学习者的角色。随着教育的深入和学生的成长，他们的参与度和主动性也会逐渐增强。

在高等教育阶段，教育主体与客体之间的关系应该更加平等。学生不再是被动的接受者，而是积极思考和参与讨论的一方。他们的意见和观点应该得到尊重和重视，而教育者则应该以相应的方式回应和引导他们。

1.思想政治教育话语主客体关系从现实性向虚拟性转变

随着新媒体的快速发展，思想政治教育也因此迎来了颇具变革性的机遇。一方面，新媒体使思想政治教育变成了一种面对面和实时的状态，教育者可以直接与受教育者接触和交流，不再受时间和空间的限制。这样的改变有助于深入学生内心，引发他们对思想政治问题的思考和讨论。

另一方面，新媒体还大大拓展了教育的渠道和手段，使得教育活动的方式发生了翻天覆地的变化。传统的面对面教育依然存在，但同时出现了非面对面的教育形态，通过多种网络软件的发展，人们可以进行更加便捷的非面对面交流。尤其是微信这样的通信工具，为教育者和学生提供了直接、方便的沟通途径，打破了传统交流和沟通的限制。同时，非面对面交流模式可以分为两种不同类型的社交关系：强社交关系和弱社交关系。强社交关系指交流双方之间有较为密切的人际关系和情感纽带，而弱社交关系则相对疏离。然而，这并不能阻止非面对面交流达到共情的境界。通过新媒体的互动性和交流工具的丰富性，人们可以在虚拟的世界中建立起彼此的联系和理解，共同分享知识和思想。

进入新媒体时代，教育主体也随之虚拟化。具体而言，教育主体的虚拟化表现为人格虚拟、身份虚拟和社会关系虚拟的状态。其中，人格虚拟指的是在新媒体环境中，个体展示的是自己的特定人格面具，同时也被其他人所观察和理解。这种虚拟的状态有时体现了个体在现实中不同的特质和行为方式。

2.思想政治教育话语主客体关系从单向灌输向双向互动的转变

近年来，随着思想政治教育实践的深入发展和学科建设的不断推进，教育主客体的关系在教育理念与话语实践中的作用逐渐凸显。在传统观念中，教育者与受教育者之间是塑造与被塑造的关系，教育者拥有思想政治教育话语的支配权。但随着新媒体的出现和普及应用，教育者的权威性逐渐削弱，教育对象也不再被动。

在思想政治教育话语实践中，话语主体和话语客体是矛盾的双方，同时也是对立统一的关系。这两方面都具有主体性，并在教育话语实践中扮演着不同的角色。它们相互依存、相互作用，构成了思想政治教育话语实践的基本框架。随着新媒体时代的到来，教育主体与客体的关系发生了巨大的转变。新媒体的出现促进了教育理念在话语实践中的应用，并推动了教育理念的转变。教育者在新媒体语境中隐蔽了真实身份，失去了传统意义上的权威阵地。教育对象也不再被动，新媒体赋予了他们相同的言说权力，削弱了教育者的权威性。

在新媒体时代，教育主体和客体在网络中具有平等获取信息和言说的权利，这使得教育话语实践变得更平等和开放。双方可以进行双向互动，形成良性的互动关系。但值得注意的是，如果教学双方无法实现良性互动，将可能导致教学俱伤的局面。

3.思想政治教育话语主客体关系从相对静态性向动态性的转变

在传统的思想政治教育中，教育者和受教育者分别是施教主体、受教主体。但在特定的条件下，教育者和受教育者的角色可以发生改变，这意味着教育者也需要先接受教育。

在新媒体语境下，教育者和受教育者的互动关系更明显，形成了一种运动性的教育过程。新媒体赋予了个体话语赋权的能力，使其拥有信息沟通、思想交流、决策和行动的权力。这种转变导致了话语主客体关系的转化，消解了教育者的权威话语，同时也影响了思想政治教育话语权效的发挥。

在经济全球化、价值多元化和信息社会化的时代，更要理性地看待话语主体与话语客体的相互关系，并认识到它对于提高思想政治教育话语权效的重要作用。应该认识到，教育者不再是唯一的话语主体，而是与受教者共同构建知识和意识形态的过程中的参与者。

（二）话语赋权带来的挑战

在新时代，思想政治教育的话语主体权威性逐渐被削弱，话语权的效果也在逐渐消解。但新媒体的交互性、平等性和虚拟性特征却推动了思想政治教育中话语权赋予。

随着新媒体的迅速发展，社会民众通过新媒体实现了更便捷的信息获取、信息沟通、决策参与和行动实践。他们可以通过互联网搜索、社交媒体平台等方式获取更多的信息，与他人线上交流，参与网络投票和调查，还可以通过发表意见、撰写微博或者举办网络活动等方式行动起来。这种变化提升了社会民众的维权能力，为他们提供了表达自己意见和参与社会事务的多样化渠道。

新媒体的出现也给思想政治教育话语权提出了新的挑战。由于新媒体具有开放、平等的特点，每个人都可以在新媒体平台上表达自己的观点。这意味着，政府和传统的话语主体不再是唯一的权威，而与之并存的是来自社会民众的多样化声音。这对思想政治教育的话语权提出了更高的要求。为此，需要积极应对新媒体语境下话语赋权带来的挑战，推动话语权的提升。

1.话语赋权

随着新媒体的不断发展与普及，它已经成为思想政治教育话语的重要技术支持。在这种话语交往中，话语主体能够拥有相对公平的表达机会与权力。使用新媒体的人都有机会提升自己的话语表达能力。新媒体的运用改变了思想政治教育话语的主体，包括了施予者和接收者。在新媒体语境下，接收者也被赋予了更多的权力，他们能够通过信息沟通、思想交流和决策行动来进行思想政治教育。这一变化使得话语主客体之间的关系更加平等和民主。

值得注意的是，会运用新媒体的人都有可能成为新媒体话语赋权的对象。新媒体虚拟性和交互性的特征使得所有人都有可能通过工具实现话语权力的提升。无论是施予者还是接收者，只要他们熟练地运用新媒体工具，都能在思想政治教育中获得发言权。

新媒体给予了人们获取知识信息的权利，这意味着人们可以利用新媒体平台来获得各种形式的信息。通过获取各种不同的信息，新媒体赋予了行动者更多的话语权力，使他们能够更加有效地表达自己。这也增强了行动者的能力，使他们能够更好地实现自己的目标。同时，新媒体还增强了表达权力与能力的统一。思想政治教育话语的新媒体赋权包括相对对等的信息获取权，这意味着每个人都可以平等地获取信息，而不会受到任何限制。此外，思想政治教育话语的新媒体赋权还包括相对公平的话语表达权，这意味着每个人都有平等的机会来表达自己的观点和意见。还有相对自由的话语实践权，这意味着每个人都可以自由地运用自己的话语权。

思想政治教育话语主体可以将新媒体终端变为公共生活的界面端。在网络无处不在的时代，任何地点都可以成为思想政治教育话语的场所。不再局限于特定的地理位置，思想政治教育话语主体可以利用流动空间替代地点空间。这为思想政治教育主体提供了更大的行动自由，使他们能够更自由地表达自己的观点和意见。

新媒体不仅赋予了思想政治教育话语主体强大的网络动员能力，而且还可以通过新媒体实现信息的制造、解读和发动现实行动的过程。思想政治教育话语主体可以利用新媒体平台来制造各种信息，并通过解读和传播这些信息来实现自己的目标。此外，他们还可以利用新媒体平台来发动具体的行动，并将他们的想法付诸实践。

2.话语赋权带来的挑战

（1）传统话语中心的解构。福柯认为，话语是一种具有权力性质的符号和工具。话语权是通过创造、设置、运用特定话语来影响和引导人的思想、行为的权利和权力[①]。它是一种支配关系的表现，通过话语权的掌控，人们可以塑造和改变社会的意识形态。

在传统媒体时代，教育者通过控制信息的占有、筛选、传播与分配来实现话语权[②]。大众媒体被视为话语传播的核心节点和桥节点，它们垄断了信息源和话语权，教育者通过这些媒体向教育对象灌输思想与价值观。

话语传播节点可分为核心节点、桥节点和长尾节点。核心节点拥有信息源，代表着最高级别的话语权。在传统媒介环境下，大众媒体作为核心节点和桥节点，占据了话语传播的主导地位，从而塑造了思想政治教育的话语框架。

随着新媒体的兴起，教育对象获得了与教育者同等的言说机会与话语表达权，实现了话语赋权。新媒体赋予教育对象更多的话语权力与话语空间，使其在思想政治教育中具备了更加积极的参与性，削弱了教育者的统治性话语地位。

（2）知识化权力从一元走向多元。在传统媒体时代，思想政治教育者是社会中稳定可靠的信息传递者和知识储备者。他们可以依靠信息来源与资源的稳定性，通过选择和加工信息来灌输特定的价值理念，并且拥有绝对权威地位。但随着新媒体技术的迅速发展，传统思想政治教育受到了新的挑战。新媒体的兴起改变了知识资源的分配方式，知识化的权利走向了多元化和自由化的发展趋势。现在，受教育者可以直接通过互联网从各种渠道获取所需的信息，绕过了传统的教育者。

---

① 胡媛媛，王岩.提升社会主义核心价值观话语权面临的挑战与对策研究 [J]. 南京航空航天大学学报（社会科学版），2022，24（04）：60-66.

② 崔楠.新时代提升网络意识形态话语权研究 [D]. 大连：大连海事大学，2023.

这意味着教育者和受教育者在信息环境和渠道上拥有了同样的优势。以往教育者所拥有的知识优势受到了冲击，他们的绝对权威地位也减弱了。受教育者可以自由选择获取信息的途径和来源，他们可以通过社交媒体、搜索引擎等工具自主获取知识。这种情况使得教育者要更加灵活和适应新媒体时代的要求。

（3）可能导致信息异化，形成主流话语认同障碍。随着新媒体的兴起，人们的社会交往变得更加便捷和方便，传统的交往方式也发生了深刻的变化。人们对媒介的依赖性越来越大，开始逐渐受到媒介的影响。新媒体的出现打破了人与人之间的直接社会关系，取而代之的是人与媒介的社会关系。这导致人们与周围的人之间的亲密感逐渐稀释，社会关系逐渐表现为“原子人式的碎片”。人们更多地依赖于媒介，而不是真正地与人交流。

人们对媒介的过度依赖会引发一种无法消除的孤独感，这种心理状态可能进一步导致人们无法自拔地沉迷于网络，出现“网瘾”的病态心理①。主要表现在心理依赖和生理依赖两个方面。人们对媒介的心理依赖可能会对其生活和身心健康带来不良影响。这种过度依赖现象事实上是信息异化的一种表现。如果人们对媒介表现出过度依赖，则其可能会出现人际情感冷漠和伦理道德观念错位等问题。

媒介过度依赖和信息异化现象，会使社会成员不关心现实的思想政治教育实践，而沉溺于虚拟社交媒体中的自我世界。因此，思想政治教育的话语权难以有效发挥。一方面，由于社交媒体等新媒体的广泛传播和使用，人们对于信息的获取和传递变得更加便捷和快速。但虚拟世界的迷幻特性使得人们在其中容易迷失自我，难以分辨虚实。另一方面，信息异化也会导致社会成员对于主流话语的认同出现问题。在社交媒体等平台上，人们可以轻易获取各种言论和观点，包括一些非主流声音和富有争议的主张。这种多元化的

---

① 黄静婧．网络交往视域中大学生思想政治教育研究 [D]. 桂林：广西师范大学，2017.

声音会让人们对于主流话语的认同产生疑虑和困惑。

第三节　新时代现实语境

一、新时代经济发展带来的深刻影响

新时代经济发展对思想政治教育话语权的影响是多方面的。首先，新时代中国经济发展呈现出“美好生活”的状态，提高了人们的物质生活水平，为思想政治教育提供了物质基础。随着经济的发展，人们享有更好的生活条件，拥有更多的时间和精力去思考、学习思想政治教育的内容，从而提高了人们对思想政治教育话语权的认知和理解。

其次，新时代中国经济发展进入了“新常态”的阶段，这对思想政治教育话语权提出了更高的要求。随着经济发展趋于稳定，人们对思想政治教育话语权的关注度和需求程度也逐渐增加。

最后，新时代经济发展的新趋势是思想政治教育工作者完成历史使命的基础，只有了解这些趋势才能更好地进行思想政治教育。经济发展的新趋势以及社会的新需求会不断地对思想政治教育提出新的挑战和要求。思想政治教育工作者需要及时了解并灵活应对这些趋势，积极创新教育方式和手段，提高思想政治教育的针对性和适应性，以推动思想政治教育与时俱进。同时，还要在思想政治教育中注重引导和培养人们的核心价值观，以适应社会的发展需要和新时代中国特色社会主义相结合的要求。

（一）新时代经济发展的新趋势

1.新理念

经济的发展是一个复杂而庞大的系统工程，要实现经济的健康持续发展，

科学理论的指导是至关重要的。在中国，经济的发展离不开科学理论的指导。那么，经济发展应该用哪种经济理论进行指导呢？这是一个关系经济发展的重要问题。

马克思主义政治经济学是指导中国经济建设的指导思想。马克思主义政治经济学是关于经济规律和经济现象的研究，详细阐述了经济发展的内在规律和运行机制。它不仅解释了资本主义社会的生产关系和经济发展过程，还揭示了社会主义社会的经济规律和经济管理的原则。在中国，马克思主义政治经济学为经济发展提供了指导，促进了中国经济的快速发展。

随着时代的变迁和发展，新的经济现象和新的问题不断涌现。为了适应新时代经济发展的新趋势，我国提出了新发展理念，即创新、协调、绿色、开放、共享。这些发展理念不仅是对马克思主义政治经济学的继承和发展，也是顺应新经济时代的现实要求。

2.高质量

在当前的经济发展形势下，高质量发展已经成为中国经济转型升级的重要标志。实现高质量发展不仅要优化经济结构，使其更合理，还要科学规划分工，让各类企业在生产过程中发挥各自的专长，进而提升生产效率。此外，还需将生产方式变得更集约化，采用先进的科技手段，提高资源利用效率，减少能源消耗和污染排放。

我国自改革开放后，积极参与国际体系，并在这一过程中取得了丰硕的成果。不仅促进了国际的贸易合作，增加了对外贸易占比。同时，我国制造业能力也得到了巨大的提升。制造的商品以质优价廉而受到世界各地消费者的欢迎，为全球市场提供了更多的选择。我国制造业不仅带动了就业，提振了经济，还推动了国内经济的结构转型。当前，中国经济正面临着由粗放型经济向精细化经济转型的挑战。国内经济结构的转型对于我国制造业来说是一次重要的机遇与挑战。要加快制造业的产业升级，向产业链的上游发展，提高产品附加值和竞争力，从而实现更高水平的经济发展。但要实现产业结构的转型并不容易。当前，粗放型经济已经进入发展的“瓶颈期”。如果不能尽快实现产业结构的转型，我国制造业的发展将面临越来越大的困局，难以实现经济的高质量发展。

3.新速度

中国速度是中国参与经济全球化最重要的收获与最大的骄傲。改革开放以来，中国经济以高速增长的速度崛起，但一国经济不可能保持持续高速增长，经济发展的速度会发生转变。我国经济发展动力从人口红利与资本积累转向人才红利和科技创新。在新时代，我国经济的速度不再是高速增长，而是中高速增长。速度放缓并不意味着经济的衰退，相反，是突出了对经济发展可持续性的重视。在新速度下，我国经济更注重高质量发展、科技创新和能源转型等新的增长点。高质量发展包括注重环境保护和绿色发展，强调经济增长与资源消耗的有效分离。科技创新则成为推动经济发展的重要引擎，助力我国实现从制造强国向创造强国的转型。此外，消费也将在经济发展中发挥更大的作用，成为经济增长的新动力。

新速度是中国经济趋势的重要体现。中国经济正处于转型升级的关键时期，需通过调整和改革，适应新形势下经济发展的需求。面对前所未有的挑战，我国经济需要稳中求进，以中高速增长实现经济持续发展。

（二）新时代经济发展对思想政治教育话语权建设的深刻影响

在新时代经济发展背景下，思想政治教育须与经济建设相衔接，发挥服务经济建设的功能。也就意味着思想政治教育不能仅仅停留在理论上，而应更加注重实践和具体的经济发展需求。经济建设不仅需要物质资本，更需要精神动力，而思想政治教育正是推动生产力发展的重要精神动力。

新时代经济发展的新特点和新趋势，对构建思想政治教育的话语权提出了新要求。话语权的构建意味着思想政治教育不能仅仅是一种单向传递的教育模式，而应更注重与经济发展趋势相结合，能引领社会成员跟随时代步伐并积极应对经济发展中面临的各种挑战。

在实施思想政治教育的过程中，应强调通过教育让社会成员感知经济发展的变化，树立中国特色社会主义的共同理想，并提高其执行国家路线、方针、政策的自觉性。这样，社会成员才能更好地适应经济发展的变化，积极投身于中国特色社会主义事业建设中，推动经济建设的持续发展。

有效的思想政治教育话语权不仅仅是为了传承和弘扬正确的思想道德，更重要的是能够促使社会成员具备良好的思想道德素质，提高生产积极性，提高劳动技能，从而推动经济建设发展。

1.引领教育对象深刻理解新发展理念的基本要义

在新时代，思想政治教育的话语权建设是面向大众的重要任务。为了让人们更好地理解和认同思想政治教育，需要对其进行广泛阐释。其中，新发展理念作为经济思想的重要组成部分，是对我国经济社会现实的最高层次认知。这一理念的核心是实现人类社会进步和发展的理论提升①。

正如经济学理论选择关乎根本、旗帜道路的重大问题一样，需要认真对待新发展理念的内容和重要性。虽然我国自改革开放以来在经济建设上取得了巨大成就，但也面临着亟待改进的问题。因此，在新时代，要通过思想政治教育来增强对新发展理念的理解和认同。新发展理念不仅是一种理论，更是一种指导思想和行动指南。它强调推动经济社会发展的重要途径和原则。这些理念的核心是以人民为中心，促进社会全面发展和公平正义。

在新时代，思想政治教育话语权的建设需要对新发展理念有深入的理解和认同。只有通过深入解读和广泛宣传，让人们真正认识到新发展理念的重要性和意义，才能够更好地引导和影响人们的思想和行动。通过加强思想政治教育，能培养大众对新发展理念的理解能力和认同度，从而更好地推动中

① 卫明皓 . 网络思想政治教育话语的集成创新研究 [D]. 南京：南京邮电大学，2023.

国特色社会主义事业的发展。

2.引领教育对象深刻认同经济发展速度的新变化

高质量发展是当前中国经济发展的核心目标。过去，中国经济的发展重点主要是追求经济增速，即通过不断扩大经济总量来实现发展。但随着中国经济总量的增长和经济结构的调整，追求经济增速已经无法满足社会发展的需求。而提高全要素生产率已经成为新的经济发展导向。全要素生产率是衡量一国经济发展水平的重要指标，它包括劳动生产率、资本回报率以及技术进步等因素的综合表现。通过提高全要素生产率，能够实现经济发展的质的提升。

高质量发展不仅是中国经济发展的必要条件，也是适应当前社会主要矛盾的变化所要求的。当前，中国社会主要矛盾已经由人民日益增长的物质文化需求和落后的社会生产之间的矛盾，转变为人民日益增长的美好生活需要和不平衡不充分的发展之间的矛盾。为了满足人民日益增长的美好生活需要，只有实现高质量发展，即通过提高经济发展的质量和效益，才能够实现这一目标。

高质量发展将经济发展从追求总量扩张转变为满足多样化需求的发展方式。过去，中国经济发展主要关注经济总量的增长，强调“大而全”；而现在，注重的是提高人民生活质量，满足人民的多样化需求。高质量发展要求改变过去追求扩张的发展模式，注重提高消费水平、提升产品质量、推动产业升级以及创新驱动发展等方面的工作。

高质量发展的道路并不平坦，面临着新的国际力量对比调整和不确定的外部环境，经济发展面临新的压力。当前，全球经济格局正在发生深刻变化，新兴市场经济体崛起，国际竞争日益加剧，全球化和科技革命的推动，也给经济发展带来了巨大的挑战。在这一背景下，中国经济发展面临着诸多不确定因素和挑战，需要能够应对外部压力的策略。

在这个过程中，思想政治教育话语在经济领域发挥着重要的主导作用。思想政治教育不仅要引导和教育经济参与者坚持高质量发展新理念，将压力转化为动力，还要加强经济伦理道德建设，培养企业家精神和创新精神，为高质量发展提供坚实的思想保障

3.引领教育对象树立改革创新的时代精神

在实现思想政治教育话语权的要求方面，社会成员对主流意识形态的高度认同起着关键作用。而主流意识形态的核心内容则是核心价值观和核心价值体系。在新时代的社会主义核心价值体系中，时代精神以改革创新为核心，是其重要组成部分。同时，新时代经济发展的新特征和新趋势也为培育时代精神提供了历史机遇。

改革创新精神是在社会创造性实践中激发出来的，包括劳模精神、创新精神、奋斗精神。新时代经济发展需要把改革与创新作为新动能和新引擎，这也是将核心价值体系建设融入经济发展的时代要求。

只有坚守改革创新的时代精神，才能有效地建设思想政治教育话语权。这意味着要不断推进时代精神的培育和弘扬，加强对核心价值观的教育和宣传。此外，还需要积极开展改革创新实践，培养人们的创新意识和创新能力，增强他们对改革和创新的认同感和积极性。

二、新时代政治发展带来的深刻影响

（一）新时代政治发展的新趋势

1.中国特色社会主义民主政治更加完善

中国社会民主政治建设的谋划和推进思路是非常重要的，它涉及管根本、管全局、管长远的大事。为实现这一目标，首先，要发展全过程人民民主理念。也就是在政治建设中，要始终坚持人民主体地位，尊重人民的意愿，充分发挥人民群众的积极性和创造力。这样，才能建立一个真正让人民参与决

策、管理和监督的民主制度。

其次，要坚持中国特色社会主义政治发展道路。中国作为一个发展中国家，具有自己的国情和特殊的历史背景，要根据自己的实际情况，探索适合中国国情的政治制度和路径。这样，才能实现政治的稳定和长期发展。

再次，要用制度体系保障人民当家作主。制度是实现民主的重要保障，需要建立健全的制度体系，确保人民在政治决策、管理和监督等方面具有广泛参与的权益。同时，还要加强制度的执行和监督，确保制度的有效运行。

然后，要推动协商民主广泛、多层、制度化发展。协商民主是民主政治中非常重要的一种形式，它能够充分调动各方面的智慧和力量，推动政府决策的科学性和合理性。要在各个层面建立协商机制，确保人民在决策过程中的广泛参与和权益保障。

最后，要全面贯彻国家的民族、宗教政策，以及巩固和发展最广泛的爱国统一战线。中国是一个多民族的国家，要坚持平等和团结的原则，促进各民族间的交流与合作，构建和谐稳定的社会环境。

2.依法治国持续深化

全面依法治国是中国特色社会主义的本质要求和重要保障，也是国家治理现代化的必然要求[①]。近年来，中国特色社会主义法治体系不断健全，法治中国建设取得重大进展。

第一，加强集中统一领导是全面依法治国和法治中国建设的重要举措。中央政府进行了顶层设计和重大部署，制定和完善法律法规，推动各级政府和部门依法行政。第二，完善中国特色社会主义法律体系是实现全面依法治国的基础。以宪法为核心，建立了一系列法律制度，为社会发展提供了法律保障。同时，依法制定和修改民法典、刑法等法律，进一步完善法律体系。

① 姚莉.在中国式现代化伟大征程中推进思想政治教育现代化[J].北京教育（德育），2024，（01）：24-28.

第三，推进法治政府建设是提升政府法治化水平的关键。通过依法行政和依法决策，政府能够更好地保证国家治理的合法性、公正性和透明性。建立科学决策机制和法治政府机构，提高政府的执行力和公信力。第四，深化司法体制机制改革是提高司法公正性和效能的重要措施。加强司法独立和公正，通过司法责任制的实施，确保人民的合法权益得到保护，社会公平正义得到维护。第五，强化法治社会建设是培育公民法治观念的必要途径。通过教育和宣传，提高全民的法律意识和法治素养，加强法治意识的深入人心，促进社会的法治化进程。第六，发挥法治的服务和保障作用，为经济社会发展提供法治环境。建设法治化的市场经济体制，加强市场监管，保障市场的公平竞争和规范运行，推动经济社会的健康发展。第七，强化法治中国建设战略支撑，将法治摆在国家治理体系和治理能力现代化的战略位置。以法治推动国家长治久安，实现人民的幸福安康，是全面依法治国和法治中国建设的根本目标。

（二）新时代政治发展对思想政治教育话语权建设的深刻影响

1.引导教育对象切实认同主流意识形态

近年来，经过正本清源、守正创新，我国的意识形态工作取得了重大的进展和明显的成效。在这个过程中，意识形态领域的主导话语权不断增强①。

不同意识形态之间的差异和对立并未减少，它们更多地采用了经济和文化手段来影响对方。主流意识形态的吸引力、凝聚力与执政党的地位稳固以及思想的认同密切相关。因此，建设一个具有强大凝聚力和引领力的社会主义意识形态成为新时代社会主义意识形态建设的基本要求。随着改革的深化和全球化的发展，意识形态之间的交流愈发频繁。多元的价值观念在潜移默化中相互碰撞，这为意识形态的发展提供了新的机遇与挑战。面对复杂多变

① 王欣玥．网络思想政治教育话语权研究 [D]. 成都：电子科技大学，2022.

的社会环境，社会主义意识形态需要引领和整合多样化的社会思潮，以应对非主流意识形态的冲击和挑战[①]。社会主义意识形态的实效不仅在于提供思想基础、理论支撑、精神动力和政治保障，更是推进中国特色社会主义事业的重要力量。

2.引导教育对象牢固树立社会主义法治思维

建设法治国家是一个综合性的工程，其中，思想政治教育发挥着至关重要的作用，而法治教育在思想政治教育中的地位和作用也日益凸显。

社会主义法治教育的主要任务是引导教育对象知法、守法、用法。法治教育不仅要向人们传授国家法律法规和相关法律知识，还要培养人们的法律意识、法律观念和法治思维，引导人们遵守法律法规、尊重法律权威，并正确运用法律来维护自己的合法权益。只有通过法治教育的引导和培养，才能在国家建设中实现法治的根本目标。

要善于运用法治思维和法治方式推进精神文明建设，提高全民族的法治素养和道德素质。在社会主义法治教育中，重要的一点就是培养人们运用法治思维和法治方式来解决问题的能力。只有在法治的指导下，才能够使社会文明得以建设，各类问题得到更好的解决。同时，通过法治教育，也能够提高全民族的法治素质和道德素质，使人们在日常生活中能够自觉地遵守法律法规，并积极参与到建设法治国家的实践中去。

培育社会主义法治精神成为新时代政治发展的新趋势、网络思想政治教育的迫切需要。在新时代的思想政治教育发展中，培育社会主义法治精神是一项重要的任务。法治精神是指人们在思想上、道德上和行动上运用法治观念和法治方式的素质和品质。而在网络时代，开展网络思想政治教育成为一项重要任务。通过网络思想政治教育，可以将社会主义法治精神传递给更广

① 严松．数字化时代社会主义意识形态话语权流失风险及其应对机制 [J]. 浙江大学学报（人文社会科学版），2023，53（10）：15-27.

大的人群，引导人们正确运用法治思维和法治方式，维护网络社会的秩序和稳定。

三、新时代文化发展带来的深刻影响

（一）新时代文化发展的新趋势

1.以社会主义核心价值观筑记牢时代新人培育之基

社会主义核心价值观是中国特色社会主义文化的魂，建设独立的在国际上有影响力的社会主义核心价值观是文化强国的要求。要推动社会主义核心价值观的传播与培养，就要帮助社会成员建立牢固的思想观念体系，并以培养担当民族复兴大任的时代新人为着眼点，将个人思想建设与社会主义现代化建设的价值目标联结起来，把立德树人与以文化人结合起来，聚焦时代新人的培养。

为何要建设独立的在国际上有影响力的社会主义核心价值观？因为社会主义核心价值观是中国特色社会主义文化的灵魂，是坚定社会主义信仰的思想基础。通过传播社会主义核心价值观，可以帮助社会成员建立起牢固的思想观念体系，坚持正确的追求和行为准则。这样不仅可以培养出具有正确世界观、人生观、价值观的社会主义建设者，也可以在国际舞台上展示中国的核心价值与文化自信。

传播社会主义核心价值观的过程中，培养和践行核心价值观成为重要着眼点。核心价值观建设聚焦的是造就具有正确世界观、人生观、价值观的社会主义建设者。为了实现这一目标，要用社会主义核心价值观贯穿于教育、文化、媒体等各个领域，使核心价值观渗透到人们的思想观念中，引导人们行为的规范和方向。

在培养时代新人方面，将立德树人与以文化人结合起来显得尤为重要。把以文化人的培养作为重点，将核心价值观贯穿于校园教育、青少年活动等方方面面，引导和激励年轻一代成为具有正确价值观、精神品质和社会责任感的时代新人。同时，要重视家庭、社区等基层单位的教育作用，通过建立健全家庭教育体系，引导家庭成员培养正确的价值观念，为时代新人的成长提供坚实基础。

2.推动中华优秀传统文化创造性转化和创新性发展

优秀传统文化一直被认为是一个国家和民族的精神命脉，对于中华民族来说更是如此。在新的时代背景下，传承和弘扬优秀传统文化需要注重创造性转化和创新性发展。

创造性转化意味着对仍具有借鉴价值的思想内涵和表现形式进行改造，赋予其新的时代内涵和表现形式。这不仅是对传统文化的一种尊重，更是对其发展的一种拓展。例如，中国的传统戏曲在当代可以通过融入现代科技手段和表演艺术形式，使其更贴近现代观众的审美需求。这种创造性转化不仅能够丰富传统文化的表现形式，还能够让更多的人接触到传统文化，并从中受益。而创新性发展则是对中华优秀传统文化的内涵进行补充、拓展和完善，增强其影响力和感召力。传统文化的内核是其价值观念和思想体系，而这些可以通过与现代文明、科技和社会发展相结合，为当代社会提供有益的指导和启示。例如，中华传统的孝道观念可以在现代社会中与家庭关系的发展和社会互动的变化相结合，形成现代人类关系的新理念和行为准则。

在创造性转化和创新性发展的同时，也需要注重传承中华优秀传统文化的源头精神与核心价值。优秀传统文化的精髓不仅仅是外在的形式和表达方式，更在于其背后的核心思想和价值观。只有在保持传统文化的根基和传承精神的同时，才能真正实现对传统文化的创新和发展。

3.扎根人民进行文艺创造

马克思主义文艺观是文艺工作的指导思想，这个观点在新时代依然需要被继承和发展。在这个观点下，文艺工作者需要具备远大的理想、丰富的生活经验和艺术技巧。有丰富的生活经验对于文艺工作者来说是至关重要的，因为只有与群众接触，才能创作出内容丰富的作品。这也意味着文艺工作者需要深入了解群众的生活，了解他们的需求和追求，才能创作出真实可信、贴近人心的作品。

人民对于美好生活的需求不仅仅体现在物质方面，也体现在精神产品上。因此，文艺创作需要紧密围绕着人民的需求展开，通过现实主义精神和浪漫主义情怀描绘人民群众的生活，让人们在文艺作品中找到共鸣，寻求心灵的满足。

在新时代，文艺工作者更需要关注国家的复兴，通过书写人民的史诗、不断开拓创新，讲好中国的故事，宣传正道，为实现个人的价值做出努力。只有扎根于人民，坚守人民立场，才能推动社会主义文艺发展。文艺作品需要对人民有说服力，需要通过艺术的形式传递出真实的生活，激发人们的思考和情感。文艺工作者应当真正成为人民的代言人，用自己的才华和努力为社会主义文艺事业做出更多的贡献。

（二）新时代文化发展对思想政治教育话语权建设的深刻影响

1.坚持文化多元背景下社会主义文化的主导地位

随着新时代的到来，文化发展呈现出了鲜明的多元多样特征。人们的社会思想观念和价值取向日渐活跃，主流文化和非主流文化同时并存。在全球化的背景下，超越国界、超越社会制度的文化和意识形态的冲突、整合也成为当代的一种重要文化现象[①]。

但这种多元化和混杂的文化特点，给我国坚持社会主义意识形态的主导地位带来了一定的困难和挑战。久负盛名的儒家思想是我国古代社会的主流意识形态。但随着新中国的成立，社会主义制度建立起来，中国特色社会主

① 包扬扬.新时代网络主流意识形态话语权建构研究[D].桂林：广西师范大学，2023.

义理论体系逐渐成为我国新的主流意识形态，并获得了广大群众的新认同[①]。

尽管如此，随着全球化的推进，外来文化的影响也越来越显著，不同思想的交流和碰撞也愈发频繁。这种多元多样的文化背景与我国社会主义意识形态的统一性存在一定的冲突。如何在维持社会稳定的同时，保持文化的多样性和发展，成为我国必须面对的重要课题。

为了应对这一挑战，要更加灵活地对待多元文化的存在。既要坚持社会主义意识形态的核心价值观，又要尊重和包容其他文化，实现文化的交流与共享。同时，也要加强对中国传统文化的传承和弘扬，让传统文化和主流意识形态相互融合，形成独特的中国特色文化。在新时代的背景下，应认识到文化发展的多元、多样性是一种必然趋势，而不是一种阻力。只有通过开放包容的态度，才能更好地应对文化的发展和变化，推动中国社会向着更加繁荣和进步的方向发展。只有在融合中发展，在多元中前行，才能在新时代的文化发展中取得更加显著的成就。

2.发挥社会主义核心价值观凝心聚力的统摄作用

随着社会的发展，人们的利益诉求、价值取向和思想表达变得越来越多元化，形成社会共识变得更加困难。我国正处于多种转型之中，这种转型推动了价值观的多元化发展，导致了其碰撞的加剧，个体在选择价值目标时更加自由，生活的价值多元化也更加明显。

在这个新时代，各种不同的声音不断交织和碰撞，这是思想政治教育话语权建设无法回避的现实。全社会的人本意识、人权意识逐渐凸显并成为强势的主流话语，人们的价值思维方式发生了根本性的变革，价值主体地位和目的性观念得到了确立[②]。

① 王建亭.网络空间社会主义核心价值观话语权建设研究[D].长春：东北师范大学，2023.

② 王欣玥.网络思想政治教育话语权研究[D].成都：电子科技大学，2022.

社会价值观念的多元化及其碰撞是一种正常现象，单一化反而是不正常的。关键在于如何处理价值观念碰撞时产生的张力、碰撞的程度以及碰撞的形式等问题，这是社会价值观念多变性所面临的紧迫问题[①]。

这就需要人们认识到不同观念和价值都有其存在的合理性、合法性，应该尊重他人的观点，也要保持对不同观点的包容和开放。通过对话和交流，才能够形成更广泛的社会共识，为社会稳定和发展提供更好的基础。在新时代，要推动思想政治教育的话语权建设，需要倾听不同声音，理解多元化的价值观念，通过对话和公众参与，形成更加广泛的社会共识。只有在尊重和包容的环境中，才能够实现社会稳定和发展。

3.推动文化传播方式的创新发展

在新时代，文化传播方式的创新发展是通过文艺反映人民心声。这意味着艺术创作应该充满激情、生动有力、旋律优美、形象感人，创作出符合人民口味的作品。为了实现这一目标，广大文艺工作者应该在人民的历史创造中进行艺术的创造，推动艺术的进步。

作为社会主义精神文明的基础性工作，思想政治教育能通过思想道德教育提高社会成员的思想政治素养。为此，应从优化思想政治教育文化语境着手，坚持“以人民为中心”的创作立场，为思想政治教育话语传播创造良好的文化氛围，强化思想政治教育在社会主义精神文明建设中的地位。

① 崔楠.新时代提升网络意识形态话语权研究[D].大连：大连海事大学，2023.

第四章　新时代思想政治教育话语权转型的时代意蕴

第一节　创新的时代意蕴

一、国际格局处于转型期

（一）以正确的历史观研判世界的动荡变革，构建人类命运共同体

在深入研判世界的动荡变革中，构建人类命运共同体需要考虑以下关键点：强调历史的变化，世界多极化和经济全球化趋势，社会信息化和文化多元化，不稳定性和不确定性增加，以及历史的循环性和无限性。

人类历史的发展方向和进程是在长期的历史时期中深刻变化的。这种变化包括世界的发展、变革、调整、转折和进步，对于研判世界动荡变革十分重要。要认识到历史的不断变化，以便更好地应对当前和未来的挑战。世界的多极化以及经济全球化的趋势是不可逆转的。这也意味着国际格局和经济联系将继续发展与改变。要适应这种趋势，加强各国之间的合作与沟通，以共同应对全球性问题。社会信息化和文化多元化的发展对于世界动荡变革有重要影响。社会信息化使得信息流动更加便捷，加速了知识的传播和交流。文化多元化则促使不同文化进行交流与交融，有助于促进互相理解和和谐共

处。尽管世界在多极化和全球化的趋势下发展，但不稳定性和不确定性仍然突出。人类面临许多共同挑战，要认识到这些挑战，加强国际合作，共同应对这些挑战的影响。历史是一个不断循环的过程，每一次循环都会接近无限。这提醒人们要保持正确的历史观，不仅看到历史的发展，也要看到历史的循环和变化。要借鉴历史的教训和经验，同时也要为未来创造新的历史，为构建人类命运共同体做出更大的贡献。

在当前国际格局下，各国都在寻求以经济和科技为基础的综合国力发展，大国竞争再度回归①。中国以人类命运共同体为思路，将其视为共创美好未来的方案，以解决世界发展难题。中国紧密关注国际形势变化，通过历史维度把握世界发展规律，并积极应对各种风险和考验。深入理解“世界百年未有之大变局”对于中华民族伟大复兴具有重要意义。在这样的“大变局”中，国家行为的横向比较成为思想政治教育的新话题和新依据。中国以其自身实践和经验，为其他国家提供经验和借鉴，并展示出其在解决全球问题时的独特角色。人类命运共同体理念，强调了国际合作和共同发展的重要性，作为一个拥有庞大人口和经济实力日益增长的国家，我国认识到国际合作的重要性，并积极参与全球事务。旨在通过合作和共同努力，推动全球事务的发展、解决各种挑战，为人类创造一个更加美好的未来。这也是我国坚持初心使命的具体体现。

（二）以正确的大局观审视人类文明发展趋势，聚焦人类未来美好发展模式

从人类文明的层面上来看，“世界百年未有之大变局”是指多元文明的兴起打破了西方文明对于全球文化的主导地位，为人类文明的发展提供了必要的多样性和创新力。人类文明的进步需要在文明多样性中达成共识，这意味着不同文明之间需要通过交流和对话来聚合彼此的优点、思想，共同推动人

---

① 杨盼悦．思想政治教育凝聚价值共识研究 [D]. 长春：吉林大学，2023.

类文明的进步。真正的人类文明是多元文明的共存和交流，而不是单一文明的统治。中华文明作为世界上最古老的文明之一，积极寻求突破西方文明框架的限制，希望在世界舞台上展示其独特的价值和智慧，以实现人类文明的共识。倡导多元文明的交融互鉴，使文明较量让位于文明和谐，这是推动人类文明进步的重要路径。

在东西方文明交汇的背景下，如何进行有效的交流和对话成为一个重要的议题。这需要双方保持开放的思维和相互尊重的态度，通过平等和对等的平台进行交流，以实现文明之间的对话和交流。同时，在传播和吸纳中华文明精华的过程中，要找到宣传的策略和方法，以吸引和影响更广泛的受众，让他们认识和理解中华文明的价值、意义。彰显社会主义制度文明的优越性需要通过丰富的实践和示范来实现，展示社会主义制度在经济、政治、社会等方面的独特优势，以吸引他国学习和借鉴。挖掘中国概念的话语意蕴和时代价值需要进行深入的研究和分析，以揭示中国概念背后的深层含义和世界共识。将中华文明纳入全球共识需要通过国际合作和互动来实现，使中华文明的价值和特点在全球范围内得到认同和尊重。最终，通过多元文明的共存和交流，人类文明可以迈向更加包容和谐的未来。

（三）以正确的角色观参与国际事务，重建国际新秩序

在“大变局”背景下，亟须建立更公正的国际新秩序，通过发挥联合国、世界贸易组织、世界卫生组织等机构的作用，促进全球治理和经济增长。中国应认清自身在国际事务中的角色和利益，建立相应的行为准则和作用。通过实际行动回答关于其在国际上的贡献和能力问题，并为全球治理和经济发展做出贡献。中国应抓住世界经济转型的机遇，通过科技革命和产业改革来促进经济发展、改善生产生活。人工智能、大数据和生物技术等科技创新已经成为推动经济增长和社会进步的重要驱动力。中国应利用这些机遇来提高自身的竞争力，并为全球经济发展做出贡献。

作为一个负责任的国家，中国始终坚持以互利为原则，积极参与国际事务的协调和合作，以期在全球治理中拥有更多的决策权和发言权，以维护国际秩序的正常运行。中国当前正与其他新兴经济体一起，致力于以和平、渐进的方式来重塑国际秩序。推动国际体系朝着更平衡、公正、多元的方向发展，实现全球治理能力的完善。

这就需要更新自身的思想政治教育话语体系，以适应新时代的发展。应注重开拓话语维度，提升说服力，展示政治、经济、文化等方面的成绩和优势，培育时代新人，并明确自身在国际事务中的角色定位，维护世界和平、稳定。

二、国际规则发生新变化

（一）全球化语境带来多元和主流的碰撞

全球化的快速发展和现代社会的变革，给传统思想政治教育理论和方法带来了挑战。但正是在全球化的语境下，更需要深入思考可能发生的新变化，并以人类命运共同体理念和自身优势打破潜在的僵局。在这一过程中，必须正视全球化带来的新变化和困难，并认识到全球化需要人类命运共同体的构建。

在全球化进程中，各民族需要相互吸收、借鉴优秀的思想政治教育经验。通过学习和交流，可以更好地理解不同文化之间的思想政治观念，并在自身发展中取得启迪和进步。思想政治教育应当在全球化的转变中积极体现，因为这不仅仅关乎个体的发展，更关系到国家的发展。

思想政治教育与人的发展和国家的发展之间存在着本质联系。人是社会群体中不可或缺的一员，而国家则是社会群体的组织形式。思想政治教育的目的在于培养和引导个体的思想意识、政治觉悟，使其具备相应的社会责任感和参与能力，同时，也促进国家的稳定和繁荣。因此，思想政治教育应当紧密联系个体的发展和国家的发展，积极促进二者的协调和统一。

在全球化的时代，要重新审视传统和现代思想政治教育理论和方法的关系。传统思想政治教育虽然具有自己的独特价值和传承性，但已无法适应全球化的需求。因此，要在尊重传统的基础上，借鉴现代思想政治教育的理念和方法，以适应当今时代的要求。

1.抓住全球化及其变化为思想政治教育话语体系创新带来的机遇

（1）提供了丰富的物资资源和相对稳定的政治环境。全球化给思想政治教育带来了许多益处。一方面，全球化为思想政治教育提供了丰富的物质资源和政治环境。随着全球化进程的不断加深，世界各国之间的联系日益紧密，资源的交流和共享也变得更加便捷。这为思想政治教育提供了更多的学习材料和参考案例，丰富了教育内容。同时，全球化也为思想政治教育创造了更开放和多元的政治环境，有利于学习者对不同政治制度和观点的了解与思考。另一方面，全球化还以经济为核心，推动了世界经济产业结构的调整，实现了更高的经济效益和发展速度。经济的繁荣和发展为思想政治教育提供了更好的物质基础，为学习者提供了更广阔的就业机会和学习条件，进一步增强了其对思想政治教育的兴趣和参与度。

在中国特色社会主义现代化建设中，把握全球化机遇是中国崛起的重要因素。中国的经济实力和国际地位不断增强，也强化了思想政治教育话语内容的感染力和说服力。中国在全球舞台上的发声，为思想政治教育提供了更具有影响力的范例和经验，有利于学习者更好地理解和学习中国特色社会主义的理念、实践。进入新时代，中国综合国力逐渐增强，对思想政治教育的要求也在不断提高。全球化给中国带来了更多的机遇与挑战，同时也对思想政治教育提出了更高的要求。思想政治教育要通过全球化实现话语效果，加强与国际接轨的教育理念和思考模式，使其更具包容性和适应性，更好地培养学生的理想信念和世界观。

（2）提供了国外思想政治教育方法的经验。全球化对我国的社会经济发展、思想、社会生活等产生了多方面的影响。其中之一就是全球化使我国的开放意识得到了增强，可以学习和借鉴国外的思想政治教育经验、教训。国外的思想政治教育主要包括道德教育、历史教育等专业领域。而这些教育往往是以隐蔽、无形的方式在幼儿期至成人期进行的，通过心理咨询等途径对学生的行为产生影响。国外的思想政治教育注重家庭、学校和社会之间的相互配合，形成了全方位的思想政治教育网络。而且他们还通过传媒和出版等途径向国际辐射其意识形态和价值观念的影响力和有效性①。

（3）开拓了新的话语内容和话语形式。随着全球化的加速发展，从“天下”的视角思考世界性问题，关注人类福祉成为一种必然趋势。在这一背景下，思想政治教育话语作为传达思想观念、政治观点和道德规范的核心内容，随着时代的发展不断更新拓展。而且，丰富了内涵、拓宽了视野，借鉴了国外优秀成果，使其具备了更加全球性的特点。

全球化的影响使得思想政治教育话语的形式呈现出了多样性特点。随着信息技术的发展，网络话语成为最常见的话语形式之一。为了增强网络话语的引导性，思想政治教育借助了多种方式，使话语更加生动活泼。例如，通过采用图片、音频和视频等多媒体形式，极大地扩展了信息传播的范围和速度。此外，乌托邦式的网络讨论平台、智能化的教育软件也为思想政治教育话语的传递提供了新的可能。

思想政治教育话语内容和形式的不断发展使其具备了强大的生命力、感召力和说服力。通过关注全人类福祉以及借鉴国外优秀成果，思想政治教育话语逐渐与世界接轨，不再局限于国内的传统观念和范式。此外，借助现代技术和多媒体形式的运用，话语不再受限于传统的文字形式，而是更加丰富多样，能够更好地与受众产生共鸣。

① 刘亮．数字化时代思想政治教育方法论创新研究 [D]. 南昌：江西财经大学，2023.

思想政治教育话语的发展和应用有利于将立德树人根本任务落到实处。全球视角下的思想政治教育话语可以使学生更好地了解和关心全人类共同的挑战、问题，培养全球公民意识和责任感。通过借鉴国外优秀成果，丰富内涵和拓宽视野，使得思想政治教育话语更加符合时代的需求和学生的实际情况。而多样化的话语形式和强大的说服力可以激发学生的学习热情、思考能力，使他们更加自主地参与到思想政治教育过程中来。

2.迎接全球化及其新变化为思想政治教育话语体系创新带来的挑战

随着全球化的进展，世界各国之间的社会联系不断加强，通过物质流、信息流、理论流等方式，国际影响力得到了显著增加。这一现象既带来了机遇，也带来了挑战。一方面，全球化的发展削弱了单一民族国家的文化凝聚力。国家与国家之间的交流与互动导致了不同文化之间的融合、冲突。随着全球化的进程，人们的生活、工作和思维方式也发生了变化。传统的价值观和习惯已经不再适应现代社会需求，从而带来了文化冲突和身份认同的困境。另一方面，全球化使信息传播变得更加方便、丰富和无边界化。现如今，信息可以通过互联网迅速传播到世界各个角落。这种便捷性为各种价值观和意识形态的传播提供了机会。但这也导致了价值观和意识形态的入侵、话语权的争夺。因此，如何在全球化的背景下保持自身的主导地位成为摆在各国面前的一个问题。在全球化的过程中，思想政治教育发挥着重要的作用。通过网络传播力量，进行宣传教育、总结经验、化解风险、调整国际视听、引导舆论、化解内部矛盾等手段，可以更好地应对全球化带来的挑战。例如，通过建设政府官方媒体平台，传播积极向上的价值观念和思想理念，引导民众形成正确的价值观和思维方式。此外，加强对网络言论和信息的监管也是保持国际话语权的重要一环。

在全球化的影响下，人们的思想和价值观念受到冲击，多种不同的价值观开始纷纷出现，给人们带来了困扰。这种多元化的思想和价值观的冲击反映在各个方面，特别是在新媒体的兴起中。网络“大V”、关键意见领袖、网红等影响力的出现是这种多元化的价值观体现之一。这些网络上的影响力人物通过自己的观点和行为吸引了大量的关注、追随者，对公众的价值观念产生了巨大影响。一些人因为独立思考的能力不强，表现出了价值盲从和迷茫。他们这种价值盲从和迷茫会使他们失去自己的定位和目标，无法清晰地认识到什么才是真正重要的，以及如何去解决这个问题。在这个背景下，迫切需要正确的世界观、人生观和价值观来引领人生。正确的世界观可以帮助人们更好地理解和面对全球化带来的变化，可以指导人们如何设定目标和追求幸福，可以帮助人们在理想和现实、道德和利益等关系中做出正确的选择。个人如果没有正确的世界观、人生观和价值观指导，其思想防线很容易会被摧毁，个人的精神信仰也会受到损害。这将导致人们内心空虚和迷茫，无法找到自己的立足点和宗旨。个人的发展和社会的发展是相互关联的。个体的内化程度、发展状况和文明程度决定了其所处的社会道德水平、发展状况和文明程度①。个人的正确世界观、人生观和价值观的建立不仅对个人发展有着重要的意义，也对社会的进步和发展有着深远的影响。

思想政治教育话语体系应当立足中国文化，不忘其根本，同时进行创新发展，打造具有中国特色的话语体系。这一体系的关键在于融通中外，将国内外的新概念、新范畴和新表达方式相结合，以传播好中国声音。在构建思想政治教育话语体系时，需要以我国实际情况为研究起点，从实际出发提出具有主体性和原创性的理论观点。这样，才能构建起具有自身特质的学科体系、学术体系和话语体系。这样的体系将为思想政治教育提供坚实的理论基础，并有助于提升学术研究的水平和实效，使其成为思想理论和意识形态的主阵地。思想政治教育话语体系还需保持对全球化趋势的清醒认识。在全球化的背景下，意识形态和价值观念领域的挑战日益增加。因此，思想政治教

① 杨盼悦. 思想政治教育凝聚价值共识研究 [D]. 长春：吉林大学，2023.

育应当直面这些挑战，针对人们本身的需求展开工作。在这个过程中，重要的是提升人们的价值认同感，为他们提供强有力的理想力量、精神支持和思想保障。这将有助于巩固和加强思想政治教育在社会中的地位和影响力。

（二）市场化语境产生“向前看”和“向钱看”的焦虑

1.总结市场化给中国带来的经验性成果

市场经济是国家经济发展的有效方式和方法，对于国家的繁荣和人民的幸福有着积极的影响。在市场经济发展的过程中，思想政治教育需要进行创新，以应对市场化带来的冲击和震撼。首先，市场经济是一种利国强民的有效方式，因为它能够提供更多的就业机会、创造更多的财富，并且能够提高人民的生活水平。作为一种有效的经济方式，市场经济需要得到全社会的支持和参与。其次，计划经济并非社会主义，市场经济并非资本主义。社会主义与市场经济并不矛盾，市场经济可以成为社会主义道路的重要组成部分，为社会主义发展提供有力支撑。同时，可以通过思想政治教育来引导人们正确认识社会主义和市场经济的关系，激发人们积极参与改革和发展事业。最后，市场经济特征的思想政治教育话语能够打破平均主义，激发人们努力拼搏。在市场经济中，每个人都有机会通过自己的努力获得更好的生活，这需要思想政治教育引导人们正确认识市场经济的特点，将个人的发展与国家的繁荣紧密联系起来。

通过对市场经济新观念的解读，思想政治教育话语体系可以帮助人们认识到，要想发展起来就需要探索适合国情的建设道路。需认清中国的基本国情，只有认清现实，才能找到适合我国的发展道路。同时，要认识到，中国利用市场手段和市场经济形式是历史的选择，应该大力发展经济，实现工业化和经济社会化、市场化、现代化①。通过市场经济的发展，可以获得物质满

---

① 崔楠.新时代提升网络意识形态话语权研究[D].大连：大连海事大学，2023.

足，并且确保高品质的精神生活。要重视人的尊严，引导人们调整适应新的社会关系，更好地激发人们的积极性和创造性。思想政治教育话语体系的目的是达成理论和价值观的共识。通过对市场经济新理念、新概念的解读，可以引导人们认识到市场经济与社会主义是可以相互融合的，找到二者之间的平衡点。在这个过程中，也可以更好地满足人们的需求，推动社会的发展进步。最终，达成理论和价值观的共识，实现国家的繁荣与进步。

市场化进程对经济社会发展具有推动作用，同时也为思想政治教育话语体系的创新提供了新的内容和领域。市场化的推进使得政治文化、历史文化等发生了一定的改变，从而影响了人们的生活方式、价值观念和思维方式。传统的平均主义思维被市场化打破，思想政治教育话语应当回应和解释社会主义市场经济所面临的问题。

2.主动迎接市场化带来的挑战

（1）市场化带来消费主义盛行，要求思想政治教育话语体系改变话语策略。改革开放以来，国家主席的话语和理念发生了变化，呈现出新形态和多样化态势。在这个过程中，资本作为市场经济的载体，通过精心布局和巧妙谋划，成功地将现代人诱入消费主义的牢笼中。消费主义话语强调物欲，容易造成文化生态的失衡和精神世界的倾斜。这种消费主义思潮已经渗入影视、音乐、游戏等文化产品中，通过引导消费者形成开放的意识形态接受心理机制，进一步强化了消费主义的影响。

面对的现象，亟须思想政治教育话语体系的引导，来帮助人们批判、超越、抵制和消解消费主义。这种话语体系应当涵盖多个方面，包括宣传传统文化的重要性、弘扬社会主义核心价值观、强调自我审视和价值观塑造的重要性等。在这一过程中，个体和社会都需要发挥自觉作用。作为个体，要加强思想意识，重新审视自身价值观念，并主动选择健康、有意义的消费方式。社会要强调家庭和社区教育的重要性，提供多样化的文化产品和娱乐选择，降低对消费主义的依赖和追求。此外，政府在其中应发挥特殊而积极的作用。政府可以加强对消费主义的批判，通过法律和政策来限制过度消费和低俗文化的传播。同时，政府也应当支持培育正面、积极的文化产品和价值观，提供更多优质的精神食粮，以满足人们对真善美等精神追求的需要。

（2）市场化向教育领域、媒体领域的渗透，影响了思想政治教育话语权。随着市场经济改革的深入，教育和媒体在逐渐向市场化转型。这意味着教育和媒体都需要注重效益和回报，但这同时也带来了一些问题。一方面，意识形态能够通过资本和技术手段成功地遮蔽人们反思和批判的目光。在市场化的背景下，资本和技术成为影响意识形态的利器。通过投资和先进技术，可以塑造出看起来完美无瑕的形象，迷惑公众的眼睛，限制人们对现实的思考和质疑。另一方面，网络文化消费主义会带来虚假意识形态消解主流文化认同的问题。在网络时代，人们往往会因为追求热点话题和流行文化，容易被一些虚假的信息所误导。这种虚假意识形态能抹杀人们对传统文化和价值观的认同，导致主流文化的认同日益削弱。

思想政治教育话语体系需要通过学校、教师和教材巩固国家意志，传承正确的价值导向。在市场经济改革不断深入的今天，思想政治教育具有重要意义。它不仅是塑造公民意识和价值观的重要途径，还是巩固国家意志的一种手段。通过学校、教师和教材，可以保证思想政治教育的传承和质量，让正确的价值导向贯穿于人们的思想和行为。此外，思想政治教育话语体系也可以通过主流媒体和主流自媒体的发声，来守住法律边界和道德底线，推动优质媒体内容的有意义、可持续传播。

三、互联网时代产生新态势

在思想政治教育中，话语扮演着关键的角色。与精英话语相比，民众的基本诉求应该得到更多的关注。因此，在进行思想政治教育的理论和实践创新中，需要考虑国情、理性发声和平衡利益等因素。要想更好地进行理论解读和实践指导，就要站在解读者和指导者的角度，推己及人，尽可能推断民众的诉求和需求。在这一过程中，要进行实地调查、文献资料检索和学习借鉴，丰富自身的知识储备，以便更好地理解和教育话语的客体。

在互联网时代，话语的基本诉求是能够发声、被听见和被回应①。因此，思想政治教育话语体系需要积极探索新的知识、新的理论、新的概念和新的见解，以适应互联网时代民众发声的需求。此外，还需要不断发展新的话语形式、新的传播手段和新的词语载体，以更好地满足民众的话语需求。

（一）话语诉求的内容带给思想政治教育的挑战

网络的快速发展为未成年人提供了一个独立发声的平台。随着智能手机、电脑等电子产品以及微博、微信等社交平台的普及，未成年人能够以各种形式实时地发布个人的现实处境、价值观念、生活轨迹、情感世界等内容。这种快速发展的网络环境给未成年人提供了更加自由的表达空间。在网络上，他们可以更自由地表达自己的思想和情感。即使是一些不良情绪，也可以在网络上进行宣泄，寻求心理的平衡。

网络的碎片化的话语方式及其大众化、开放性、便捷性、交互性等特点，对未成年人的话语表达产生了重要的影响。碎片化的话语意味着信息的短小、简洁和即时化，这也使得未成年人的表达更加扁平化、生动化和直接化。而且，网络的大众化和开放性使得未成年人的表达不再局限于狭窄的社交圈子，而是可以被更多人看到和听到。另外，网络的便捷性为未成年人提供了更多的自主权，使他们敢于表达与众不同的意见和观点。同时，网络的交互性也强化了未成年人之间的沟通和交流，促进了他们的集体行动和团结。但网络的碎片化话语也带来了一些问题。例如，大量的碎片化信息呈现给未成年人，容易分散他们的注意力。此外，网络碎片化的话语也形成了一个强大的舆论场，给传统的主流意识形态带来了冲击和挑战。未成年人的声音在网络上可

① 周丽.新时代思想政治教育话语体系创新研究[D].徐州：中国矿业大学，2022.

以获得更多的关注和重视，而这些声音往往与传统的思想政治教育话语体系存在冲突。这使得传统的思想政治教育话语体系不得不做出改变，适应网络舆论环境、社会心理环境。

作为话语客体的主体，学生、青年人、中年人关于被听见和被回应的时代内容包括三个方面。

首先是渴望与人交流，被听见内心的情绪表达和情感需求。随着社会的发展，人们对个性化生活方式和性格特质的追求日益增加，他们希望能够通过表达自己的独特性格和与他人的交往来得到回应。这种追求反映了人们强烈的表达和交往需求。为了满足人们寻求组织和慰藉的需求，各种社交平台应运而生。例如，微博的会员群等都利用标签式的兴趣和价值观认同进行集合。通过这些平台，人们可以找到与自己兴趣相投的人群，进行交流和分享，以满足他们对组织和社交的需求。这种个性化生活方式和交往需求对思想政治教育话语体系提出了新的挑战。教育话语体系需要积极回应人们的话语，了解他们的思想状况和行为方式，并对非理性聚集进行防范和合理引导。在充分理解人们的追求后，思想政治教育话语体系可以采取多种措施来回应和引导人们。一方面，可以通过研究社会成员的兴趣和价值观，创造更加具有吸引力的教育内容和形式。例如，结合个性化生活方式的特点，可以开设与之相关的课程或活动，吸引更多人参与其中。另一方面，可以通过对话和沟通来加深对个人需求和意见的理解。通过与个体的交流，了解他们的追求和需求，可以更好地满足他们的期望，增强他们的参与感和认同感。此外，应该建立健康的网络环境，防范和引导非理性聚集的行为。监管和管理社交平台，加强对不良信息和谣言的拦截和查处，保护人们的知情权和安全感。

其次是并非只满足于发声，还希望在现实和网络空间内得到有效答疑和指导。随着信息技术的迅速发展和互联网的普及，学习者对于在现实和网络空间内得到有效的答疑、指导的需求也越来越强烈。许多人主动向现实和网络上的专业人士求教，希望能够得到引领和指导。同时，内容生产者的增多也催生了知识生产门槛的下放。现在，每个人都可以通过创造内容分享自己的见解和知识。这不仅使得知识的边界得到了拓展，也为学习者提供了更多获取知识的途径。但在此环境中，很容易出现“信息茧房”的现象，因此，思想政治教育话语体系应成为获取可信赖信息的渠道。帮助人们更好地理解和分析“信息茧房”的复杂性，不断拓宽人们的知识视野，并引导他们在获取知识和理解世界的过程中保持客观和开放的态度。

最后是渴望权威人士的指导，又对其指导持批判和考证的态度。当人们追求成功和成就时，他们往往渴望权威人士的指导和助力。但对权威人士的指导持有批判和考证的态度是非常重要的。应在评估权威人士的实力、知识结构和人生经历等方面进行认真考虑，而不仅仅是盲目地接受他们的指导。在选择权威人士进行指导时，应认识到自己的情绪困惑、认知困惑、价值困惑和精神困惑等。这些困惑是面对问题和挑战时所面临的困扰和不安。通过认真考虑这些困惑，可以更好地了解自己的需要，并选择适合自己的权威人士。

现代社会中，不少人急需正确的理论指导来重塑自己的梦想和进取心。在这种情况下，权威人士的指导可以为他们提供正确的理论和观点，帮助他们更好地认识世界，解决自己的迷茫和困扰。

在思考话语主客体二者之间的关系时，应以马克思主义为指导，构建思想政治教育的话语体系。通过这样的体系，可以解决话语主体的精神迷茫和困扰，使他们坚守自己的信仰力量。马克思主义作为一种理论体系，可以帮助人们更好地理解社会现象和人类历史，并为其行动提供指导。通过学习和应用马克思主义，人们可以更好地思考和解决问题，实现自己的梦想和目标。

（二）话语诉求的数据化带给思想政治教育话语体系的挑战与机遇

大数据正在成为融入经济社会发展各领域的要素、资源、动力、观念①。

---

① 姜英华．数字化赋能思想政治教育的内驱动因、意义价值与原则策略[J]．教育探索，2024，（01）：76-81.

在这个信息爆炸的时代，大数据不仅影响着经济和科技领域，还对思想政治教育产生了深远的影响。大数据时代的思想政治教育面临着庞大规模、复杂维度、广泛来源和巨大威力等特点的话语数据①。这些数据有着不同的来源和形式，包括社交媒体、网络论坛等等。这些数据不仅数量庞大，而且质量参差不齐，需要辨别真伪、区分虚实。在大数据时代，思想政治教育要应对多样复杂的信息源。这就需要人们保持警惕，不断反思和思考，以应对来自不同渠道的信息冲击。不能被信息的多样性迷惑，而应仔细筛选和理解其中的核心内容，获取准确的知识和信息。

建设数据体系是思想政治教育话语体系面临的挑战与机遇。要建立一个信息整合和分析的体系，以更好地利用大数据的潜力来支持思想政治教育的发展。这个体系可以帮助人们快速获取并分析大量的数据，从而更好地了解社会舆论和民意，为思想政治教育的决策提供基础。

1.认识话语信息源的多样性和复杂性

思想政治教育在当今社会中扮演着重要的角色，它涉及教育工作者的价值取向和意愿。为了更好地服务于学生和社会，教育工作者需要能够快速、灵敏地反应并做出决策。幸运的是，现代科技给予了他们这样的机会。现在的话语传播呈现出三个趋势：大众化、分众化和开放化。这就对教育工作者的媒体素养和信息素养提出了新的要求。大众化意味着教育工作者需要与更广泛的受众进行沟通，并且要能够使用不同的媒介来传播信息。分众化要求教育工作者能够根据不同的受众需求进行定制化的内容传播。开放化则要求教育工作者要能够适应信息的开放性和多元性，不仅要传递信息，还要接收来自不同渠道和来源的信息。

在信息源日益多样和复杂的环境下，教育工作者需要提高获取有效社交媒体信息的效率和质量。要了解哪些渠道是可靠的，哪些消息是有价值的。

① 杨晓琼．智能时代意识形态话语权建设研究 [D]. 太原：山西大学，2023

同时，要学会过滤和筛选信息，保留对教学有用的内容。这需要教育工作者具备信息搜索和筛选的技能，还要具备批判性思维和判断力。要真正掌握思想政治教育话语数据，教育工作者还需要解决一些关键问题。要找到去芜存菁的方法，即在大量信息中找到真正有价值的内容；要能够快速处理信息，以适应快速变化的社交媒体环境；要有效地提取信息，并将其转化为实际应用的工具和资源。

2.把握思想政治教育话语主体的新特征和新变化

随着大数据时代的到来，思想政治教育的教育关系发生了改变，并在网络环境中提供了平等、民主对话的机会。在这个新的环境下，思想政治教育需要学者、社会各方的参与，以整合信息、疏通渠道、拓展思路。思想政治教育的主体包括学者、一线教师、教育主管部门、媒体和科研机构等。

利用分众化媒体的方式可以更加直接、准确地传达思想政治教育的话语信息。分众化媒体能够将信息精准地传递给特定的受众群体，并根据他们的需求进行个性化推送。这种传播方式能够确保思想政治教育的效果，更好地满足人们的需求。另外，数字化的思想政治教育形式也能够方便、快捷地供选择。通过网络平台、在线课程等形式，人们可以根据自己的时间和地点灵活选择接受教育。这种形式还可以加强教研交互、反馈和效果优化。通过在线学习平台，学生可以与教师进行互动，共同探讨问题，提高学习效果。

此外，媒体融合和思想政治教育资源的数字化发展趋势也是不可忽视的。随着媒体的融合趋势越来越明显，思想政治教育资源也在逐步数字化。人们可以通过多种形式的媒体平台接收思想政治教育的内容，包括电视、网络等。这种数字化发展趋势使得思想政治教育的资源更加广泛和便捷，助力于思想政治教育的普及化。

3.聚焦话语数据的语义鸿沟和体系建设

在大数据时代，利用跨媒体的思想政治教育话语数据，可以统一表示各种事件和相关的实体，从而实现信息的有效整合与传播[①]。这一过程不仅能够提高话语的准确性和一致性，还能够为思想政治教育建立一个科学的话语数据体系。在实现这一目标的过程中，面临着一个突破的瓶颈。即思想政治教育话语与语义之间的澄清，这需要依靠先进的技术手段和理论基础来解决。通过消除语义的歧义和模糊性，确保思想政治教育话语的科学性和有效性。

在探讨思想政治教育的话语时，马克思与罗尔斯的正义理论之间存在本质的区别。马克思强调正义与实现富裕社会的理想密切相关，他认为正义应该以阶级斗争和权力的重分配为基础。而罗尔斯的正义理论则注重公平和公正，他认为正义应该建立在原则和制度的基础上，保证每个人都有平等的机会和待遇。此外，国内外在思想政治教育中讲述语义道德问题时可能存在着差异。由于文化、历史和社会背景的不同，不同国家和地区对于道德的理解和价值观可能存在着差异。因此，在进行思想政治教育时，需要充分考虑到这些差异，避免给学生带来误导或困惑。

（三）话语诉求的网络流行语特点丰富和挑战思想政治教育话语

近年来，网络流行语在社交媒体平台上的广泛传播引起了人们的关注。这些流行语围绕经济、政治、文化环境以及人们的心理活动等网络热门话题展开热议，成为一种独特的民意表达符号。网络流行语不仅代表了话语主体的价值诉求，而且折射了话语主体对现实社会的观点和立场的演变。它们通过各种创新的表达方式，将人们的情感、观点和态度融入其中。在互联网时代，这些流行语往往以一种幽默或讽刺的方式传播，引发大众共鸣，进而影响社会舆论。

网络流行语不仅限于虚拟空间，它们已经扩散到了现实生活中，成为约定俗成的表达方式。人们不再局限于面对面的交流，而是可以通过网络流行

① 武豹，吴学琴.人工智能时代主流意识形态话语权探析[J].大连海事大学学报（社会科学版），2023，22（03）：77-84.

语传达自己的观点和情感。因此，可以看到在各种聚会、聊天、社交场合中，人们用网络流行语来加大表达的力度，给互动增添了更多乐趣。

网络流行语的多样性和快速变化也反映了时代的进步。随着科技的飞速发展和社会的变革，人们的思维方式、文化观念和价值观念也在不断演变。网络流行语作为一种时尚的语言形式，能够快速适应社会变革，及时反映人们对于世界的认知和理解。随着流行语的不断涌现，人们能够更加灵活地表达自己，与他人建立更紧密的情感纽带。

网络流行语的普及和多样化给人们带来了更多的选择。新的网络流行语层出不穷，每个流行语都可以找到与之相匹配的情境。而且，随着时间的推移，这些流行语也不断更新，常用常新。由于网络的便捷性，人们可以通过快速的信息传播相互影响，流行语的变化也愈发迅速。

1.常见话语诉求类型

（1）国家发展与人生发展。国家命运和个人命运息息相关，这一点在人们的日常生活中得到了广泛的体现。人们常说："家和万事兴"，国家的繁荣和人民的安康息息相关。国家的发展离不开每个人的努力和奉献，而个人的命运也受制于国家的变迁。流行语是一种反映社会状况和思潮的语言现象，它能够表达个人在国家发展历程中树立远大理想和贡献力量的重要性。当听到流行语中蕴含的价值观时，人们可能会被激励和鼓舞，进而积极参与到国家的建设中。传递正能量、不抛弃、不放弃以及坚信中国梦将实现，是我国重要的价值观。通过流行语的传播，这些重要的价值观可以深入人心，激发人们的积极性和创造力。流行语如"百年未有之大变局""赶考"等，反映了中国的成就和担当。这些词汇代表了中国近年来在各个领域取得的巨大进步和成就。通过流行语的传播，可以更好地了解和展示中国的实力和风貌。

（2）人生认知与人生情感。随着社会的发展和变迁，人们的生活方式也在发生着巨大的转变。而这种转变不仅仅是物质层面上的改变，更是对思维方式、人际关系以及生活态度的全方位影响。这种新的生活方式也在加速政府和民众的内省，让人们开始思考和反思过去的行为和价值观。在当代社会，标签式的身份表达成为一种普遍现象。例如，一个人可以用职业、兴趣爱好、社交圈子等来定义自己的身份。但这种标签化的身份表达也带来了身份的认同和选择困惑。年轻人常常陷入纠结，他们不知道该如何选择和扮演自己最真实的角色。当谈及当前的职场环境时，一些流行语如“压力山大”“内卷”已经成为年轻人共同的口头禅。这些流行语反映了年轻人在职场中所面临的巨大压力和困扰，也体现出年轻人对找到理想职业规划的思考和选择的坚信。尽管年轻人在职场中面临着身份困惑和压力，但他们仍然对找到理想职业规划充满坚定的信念。这种坚定的信念也体现在他们使用的流行语中，例如“努力不会白费”“后浪”等。这些流行语表达了他们对付出和努力的肯定，以及对未来理想职业的追求和选择。

（3）情绪描述和情绪疏导。流行语作为一种语言现象，不仅仅是简单的词组或短语的流行，更是一种人们对现实生活和生活状况的主观表达。它真实地反映了社会情绪的需求慰藉和寻找群体认同的心理需求。在现代社会中，人们经常面临各种各样的压力和困扰，无论是工作上的压力、生活中的挫折，还是社会中的焦虑，这些都会产生不同程度的情绪反应。而流行语则成为社会情绪的催化剂，例如，“纠结”“蓝瘦，香菇”等能够准确描述和归类人们所感受到的情绪，从而帮助人们更好地理解和应对自己的情绪。同时，流行语也是一种泄压阀。面对日常中的烦恼和困扰，人们可以通过使用流行语来宣泄负面情绪和实现个人解压。这是因为流行语往往具有双关、讥嘲、冷幽默等特点，通过幽默的方式传递情绪，让人们在一定程度上得到情绪上的释放。此外，流行语还能够转移焦虑并实现集体宣泄。当社会面临热点事件或争议话题时，人们往往会用流行语来表达自己的立场和态度，例如，“柠檬精”“躺平”等。流行语的传播和使用可以形成一种社会共识，通过集体宣泄情绪，人们能够获得归属感和认同感，从而减轻内心和群体的压力。

2.网络流行语对于思想政治话语体系创新提供了机遇

（1）丰富了思想政治教育话语体系的内容。网络流行语在现代人的生活中起到了重要的作用，它们不仅反映了当代人的生活方式和思维方式，也能满足人们对生存发展的需要。网络流行语作为一种具有传播力的文化符号，丰富了思想政治教育的话语内容。网络流行语生动活泼、简洁明了的特点，让思想政治教育的话语变得更加生动有趣，更易于被学生接受和理解。但思想政治教育的话语要真正发挥作用，首先要直面现实态度。网络流行语的兴起是现代社会的产物，它们反映了人们的情感和诉求。思想政治教育的话语主体应该密切关注这一现象，并从中获取有价值的信息。只有与时俱进、紧跟潮流，才能更好地满足人们对教育内容的需求。

其次，在实践中深刻思考和提供易于接受的话语内容也是思想政治教育的重要任务。网络流行语的流行是因为它们与人们的实际生活经验紧密相连，能够引起人们的共鸣。为了更好地与学生沟通，思想政治教育的话语内容也需要贴近学生的实际，以提供更直观、易于理解的思想政治教育内容。

最后，为了兼顾学习和工作的抽象与具象过程，思想政治教育的话语要适度运用网络流行语。流行语如果能够融入思想政治教育的话语中，不仅能够增加话语的趣味性和亲和力，还能够更好地帮助学生理解抽象的学术概念，并将其应用于实际生活中。

（2）提供了思想政治教育话语体系的新媒体语境。在新媒体的语境下，传统线性传播和话语格局发生了巨大的变革。随着新媒体的兴起，双向互动的传播模式得到了构建和加强。其中，流行语在新媒体中的传播呈现出普遍性和内在化的特点。流行语作为一种流行的、具有代表性的词汇或短语，通过社交媒体和网络平台迅速传播并被广泛接受和使用。这些流行语往往具有时代特征和共享价值观，能够迅速引起公众的关注和共鸣。并且，流行语的传播不仅仅是一种表面上的言语模式，更是在人们的内心深处形成了一种共同的理解和认同。它们成为一种文化符号，给人们带来了身份认同感和社会认同感。

鉴于流行语在新媒体中的传播方式具有如此强大的影响力和效果，思想政治教育话语体系可以借鉴其传播模式，以获得更加有效的传播和平等的交流。借鉴流行语的传播方式，政治教育可以更好地与公众进行互动和交流，使其更加具有参与性和民主性。为了实现这一目标，思想政治教育可以借助新媒体平台，主动参与到公众的讨论和互动中去。通过设计与流行语相关的话题和活动，政治教育可以更加贴近公众的需求和兴趣，引起公众的关注和参与。同时，政治教育也需要积极倾听公众的声音和意见，鼓励并尊重不同的观点和立场，实现平等交流和多元对话。只有通过与公众的互动和交流，思想政治教育才能真正成为一个有效传达信息和塑造价值观的平台。

（3）强化了思想政治教育话语体系的思想引领作用。随着网络的普及和发展，网络话语不仅给人们带来方便和娱乐，还强化了思想政治教育话语体系的思想引领作用。此作用主要体现在以下几个方面。

①网络话语的多元、开放、共享特点一定程度上消解了权威媒体的话语霸权。现在，每个人都可以通过网络表达自己的意见、观点和思想，没有人可以垄断话语权。这使得思想政治教育话语体系更加平等和民主，每个人都有机会参与社会思想讨论和意见交流。

②网络话语的流行语具有瞬息万变的特点。公众话语往往是新潮时尚的，但由于时间推移和热点事件的消失，加上其内在的碎片化和无序化，很容易被新的流行语所取代。在这种环境中，思想政治教育话语体系的重要性就体现出来了。必须具备持续引领思想和观念的能力，不断适应社会大众的精神文化需求，才能保持其影响力和指导作用。

③网络话语强化了思想政治教育话语体系在满足社会大众需求方面的重要性。信息爆炸的时代，人们面对海量的信息很容易迷失和分散注意力。思想政治教育话语体系的存在和引领，能够帮助人们更好地理解社会、思考问题，并形成正确的价值观。在这个意义上，思想政治教育话语体系不仅是一

种引导，更是一种满足社会大众的精神文化需求的工具。

3.网络流行语也给思想政治教育话语体系带来挑战

（1）影响思想政治教育话语体系的有效性。网络流行语的随意性和不规范性使得人们很难接受形式规范、语境严肃的思想政治教育话语，从而影响了其权威性。网络流行语的良莠不齐和所指不同也反映了人们不同的价值观，这加大了思想政治教育话语获得广泛共识和认同的难度，进一步影响了其发挥的作用。

（2）冲击思想政治教育话语权。流行语所带来的关于世界观、认识观、价值观的讨论，如果没有得到合理科学的引导，将可能触及思想领导权、精神形塑权、学术话语权等权力的边界。网络流行语隐藏着主流意识形态的认同，但如果没有对其进行正确引导和解读，流行语可能引发人们在大是大非问题上的迷茫等问题。在这种情况下，思想政治教育话语体系面临着对主流意识形态的合法性与合规性的质疑，而其权威性和有效性也将受到挑战。

四、新时代中国话语新变化

（一）话语表达呈现多元化

随着时代和社会的发展，话语表达作为思想理论和知识的外在表达形式也在不断变化。在我国，思想政治教育话语的表达方式直接影响着群众对政府方针政策的理解和把握，进而对教育实效产生影响。

如今，思想政治话语的倡导更多地呈现多样化的表达语言和形式，其中包括对错误思潮的批判和马克思主义的宣传。在新时代，敌对势力通过网络媒体，以“学术研究”或“大众文化”的名义，试图歪曲历史事实，否定已被历史证明的正确结论，这涉及政治上的大是大非问题。因此，思想政治教育话语体系需要关注各种意识形态和社会思潮在不同领域之间的相互转换、融会贯通。同时，要运用马克思主义理论来对抗错误思潮，以回应人民群众的诉求，并以人民群众乐于接受的方式来进行表达。

对于思想政治教育而言，话语表达的方式和内容至关重要。通过多元化的表达语言和形式，能够更好地传达思想理论和知识，增强群众对政府方针政策的理解和把握。但也要警惕敌对势力对话语进行不正当利用，以达到他们个人或团体的政治目的。在这个过程中，马克思主义理论在维护话语表达的正确性和准确性方面起着重要作用。

（二）话语主客体突出个性化

1.话语主体的个性化

在当今社会，思想政治教育已经成为培养社会主义建设者和接班人的重要途径。然而，传统思想政治教育方式已经无法满足不同学生的个性需求，因此，思想政治教育应更加个性化，为学生提供更多样化的教育途径。个性化的思想政治教育要坚持以人为本的理念，即在严格管理和要求的前提下，尊重、欣赏、包容受教育者的多样化个性。不能将学生简单地划分为一种固定类型，而应理解他们的特点和需求，为他们提供更合适的教育。

需要明确的是丰富多彩、富有鲜明个性的思想政治教育话语主体，只能扮演教育者的角色。教育者应与学生进行互动，倾听他们的声音和意见，了解他们的兴趣和爱好。这样，才能从学生的角度出发，制定适合他们的教育方案。个性化教育方案的制定需要根据学生的不同个性，进行教育引导和人文关怀，满足他们当前和长远的发展需求。教育者应了解每个学生的思想特点和成长需求，并根据这些情况制定相应的教育计划。这样，才能使思想政治教育真正起到有效的作用。在实施个性化思想政治教育的同时，也不能忽视共性要求。话语主体的任务是通过深入、细致的思想政治教育，为学生打牢思想政治基础。这需要教育者制定既考虑到个性化需求又满足共性要求的教育方案，让个性与共性相互促进、统一起来。

2.话语客体的个性化

随着社会的不断发展，青年逐渐成为社会中的重要群体。他们作为社会的未来和希望，受到了各种社会文化思潮的影响。与以往的年轻人相比，现代的青年更加注重个性发展和自我实现。但现在的青年更多关注的是与个人相关的新思想和新观点。他们往往更倾向于追求自己感兴趣的领域，关注个人成长和发展。虽然青年具有独特的个性特征，但他们也同样具备社会责任感。他们对于社会中存在的弊端持有愤世嫉俗的态度，但同时也以理性的态度看待矛盾和问题。他们敢于挑战传统和权威，以求更加进步和自由地生活。他们的话语模式在不同的场所和情境中也会有不同的认知语境。在面对不同的人群和环境时，他们可能会表现出不同的言谈举止。这是因为他们希望能够适应社会的不同需求，同时也展现自己的独特个性和思维方式。

他们都渴望在先进思想的指导下，培养自己发现问题的敏锐目光，拥有阐释问题的语言魅力，展示分析问题的缜密逻辑，并具备解决问题的人格魅力。他们希望能够将自己的个人能力和发展与社会的需要相结合，成为社会中的中坚力量。文化工业的发展对年轻人的个人发展造成了一定的影响。现代的文化工业趋向于标准化和集体化，对于个人的独立自主性有着一定的影响。这使得年轻人在面对事务时往往无法以独立自主的态度做出决断，而受制于外部环境和他人的意见。另外，由于青年易受不良思想的侵害，他们可能对历史、现实和未来产生错误的认知。这种情况导致青年感到迷惘、失望、苦闷等不良情绪，并甚至可能放弃自己的理想和信念，迷失在利己主义和消费主义泥潭中。

（三）话语行为提升媒体化

现代社会中，大众媒体作为一种重要的技术载体，改变了人们的生存状态和认知观念。在全球化的信息时代，媒体已无处不在，媒体化成为现代人的一种生存方式。特别是社交媒体，作为社会主义意识形态的载体，发挥着越来越重要的作用。在社交媒体上，各种思想、言论、观点通过竞争的方式抢夺人们的注意力，使媒体成为一种工具。人们越来越依赖于媒体来获取信息、表达观点和交流想法。媒体已经与人们的生活密不可分，并且其应用范围也在不断拓展。但媒体的发展也带来了一些挑战，例如，随着人工智能算法的进步，媒体话语借助算法推荐内容，容易使人们产生顺从和盲从感，花费更多的时间在媒体上。这就引发了人们对于媒体的担忧，人们担心自己的个人发展和社会发展会因过度依赖媒体而受到影响。实际上，人们对于社会和个人发展的困惑感并不会因为媒体的占有而消失。媒体问题也不会因为对于人们的占有而自动解决①。因此，在大众媒体时代，要更加培养人们对于媒体的批判性思维和理性判断能力，以更好地应对媒体对于个体和社会的影响。

随着社会发展和科技进步，媒体在传播方式和受众群体上都发生了巨大的变化。而媒体如何适应市场机制和贴合大众口味成了一个值得关注的问题。一方面，媒体需要适应市场机制，结合市场调研和大数据分析，深入了解受众的需求和喜好，针对不同人群制定不同的内容策略，提高传播效果；另一方面，媒体应贴合大众口味，在内容制作上要精细化，注重细节把握，深入了解受众需求，做到触动他们的情感和共鸣，真正获得受众的认可和喜爱，保持市场竞争力。

在思想政治教育领域，媒体的作用和价值逐渐凸显。思想政治教育话语体系应以媒体形式构建与应用。随着媒体技术的发展和普及，传统的思想政治教育方式已经无法完全满足现代受众的需求。借助媒体化的手段，可以更好地将思想政治教育的内容传达给受众，使其更加易于理解和接受。媒体可以通过图文并茂、生动直观的方式呈现知识和成果，提高教育效果。尤其是在年轻人中，媒体化的思想政治教育更具吸引力和影响力，可以更好地引导他们树立正确的世界观和价值观。

---

① 何家敏．新时代大学生思想政治教育获得感研究 [D]. 广东：华南理工大学，2020.

媒体化已成为思想政治教育话语体系的一场深刻变革，而不仅仅是一种表面化的点缀。这一新时代的变革要求思想政治教育话语体系从传统技术为先的考量中解放出来，更重视以知识体系为支撑的内容建设。

建设思想政治教育话语体系需要更全面、丰富、多样、精准的知识呈现和知识集成。媒体化的应用可以满足这一需求。在诸如博物馆和红色革命基地等重要场所，媒体化可以通过图片、音频、视频等形式，将思想政治教育话语内容资源可视、可听、可感。这种形式不仅可以吸引人们的注意力，还可以更深入地传递知识，并使观众身临其境地学习、体验和感受革命历史文化。借助媒体化交互平台，可以更好地塑造马克思主义发展的历史知识架构。通过这些平台，人们可以与话语客体进行互动，深入了解思想政治教育的重要原理和概念，从而提高对马克思主义发展历程的认知。

（四）话语目标达成现实化

语言作为一种实践，是连接人与人之间、自我与他人之间的桥梁。人作为社会关系的总和，需要国家、社会和公民的共同参与来实现其自身的发展。马克思主义所面临的信仰危机实际上是传播危机，而不是本身的危机。为了推动社会认知的发展和引领社会的进步，马克思主义理论需要发挥助推器作用。这方面，有必要深入分析意识形态渗透和错误思潮的特点、影响。

思想政治教育话语的目标是为实现现实社会中国家、社会和人民的共同目标而服务。在这一过程中，实现正确的思想和政治方向非常重要。通过思想政治教育，能增强个体和群体对社会、国家、公民的认同感，并进一步深化对社会关系及其相互依赖性的理解。在当代社会中，信息传播迅速，意识形态的渗透也变得更加复杂和普遍。因此，要对意识形态的渗透进行剖析，洞察其背后的动机和目的。同时，还要认识一些错误思潮，深入分析其根源和危害。这样，才能更好地保持人们的思想独立性，加强对正确思想的传承和发展。

中国特色社会主义建设的新历史方位对思想政治教育话语体系提出了科学、系统的阐明要求①。习近平新时代中国特色社会主义思想是马克思主义中国化的最新理论成果，包含了一系列的具体指示和实践，如总体任务、战略布局、法治目标、外交任务等。思想政治教育话语体系能够有效地对现实进行阐释和引导。它不仅能维护主流意识形态的安全，塑造国家形象，还能够培养建设者和接班人，满足人们普遍的价值诉求和精神期待。这一话语体系贴近现实，它在理论研究、传播推广和获取认同方面具有重要作用。它旨在厚植群众基础，让人们能够切身感受到新时代社会经济发展带来的现实改变。同时，提高人们对先进理论的认同感和归属感，并激发他们愿意为实现中华民族伟大复兴、国家繁荣稳定发展贡献一己之力的意愿。

（五）话语评判强调生活化

马克思主义强调通过对现实世界的批判，关注世俗生活并评判事实矛盾和现实困境，以实现人类的解放。但个人的思想和价值观容易受到各种思想观念和外界环境的影响。在话语评判方面，有些人无法处理权力与能力、关系与努力、人情与制度等方面的关系，导致不同价值观之间的矛盾。为应对这种情况，就需要建立一个批判性的思想政治教育话语体系。这个体系应防止意识形态的渗透和攻击，并阻止对国家历史和军事历史的不良舆论的扩散。同时，这个体系也应该关注与人民群众日常生活密切相关的社会问题，增加交流、增进理解，引导他们正确面对并有效解决各种社会矛盾，维护社会稳定。

通过批判现实情况，思想政治教育话语体系可以帮助人们认识到现实社会中存在的问题和不公正现象，并引导人们积极思考和行动。此外，思想政治教育话语体系还可以引导人们正确处理不同价值观之间的摩擦。在社会中，存在着各种不同的价值观和思想观念，这些观念之间可能产生冲突和摩擦。

① 包扬扬 . 新时代网络主流意识形态话语权建构研究 [D]. 桂林：广西师范大学，2023.

通过思想政治教育话语体系的引导，人们可以学会尊重他人的不同意见，并通过对话和交流解决问题。这有助于促进社会和谐与团结。

为了加强马克思主义与话语客体之间的联系，使话语客体更愿意倾听并理解，要从生活中的话语入手。首先，应关注个人的价值追求和多样性个体利益的社会心理。同时，也要关注那些渗透意识形态的群体性事件。通过深入研究这些事件，可以更好地了解个人和群体的心理需求，并为他们提供更贴近生活的话语。其次，应尊重不同价值观之间的差异性以及群众选择不同生活方式的合理性。在这个过程中，要揭示和引导一些重大社会问题背后的利益导向和价值观。这样，才能与话语客体建立起更深层次的联系。再次，为了让话语客体能够更好地接受信息并理解其中的道理，应运用讲故事、举实例、摆事实等方式来彰显中国特色社会主义的优越性。通过这些方式，增强人们对中国特色社会主义道路的自信心和认同感。应避免使用空洞的套话和官腔，要采用真诚的态度。为了触动话语客体的心灵，可以运用大量的形象比喻、诗文引用和俗语等。只有以接地气的聊天和谈心方式与话语客体交流，才能更好地拉近彼此的距离。最后，为了帮助话语客体宣泄情绪并释放压力，应减少非理性状况，例如过激、嘲讽等的表达权使用。通过提供一个理性平和的讨论环境，可以更好地与话语客体进行有效的交流。

五、新时代个人话语新变化

（一）个人的话语表达自由化

进入新时代，个人话语表达受到网络社交媒体的影响越来越大。特别是在关注机制和流量机制等自媒体分发机制发生差异化的今天，话语表达在不同媒体平台上呈现出了自由化的状态[①]。网络话语样态越来越新颖、活泼，满足了年轻人适应网络交流环境、提升自身话语地位等需求。在网络空间中，

① 张园园．新时代社会主义意识形态的生活化探析 [D]. 太原：山西大学，2023.

保存了大量反映年轻人思想观念和行为方式的社会行为数据，个人在网络社交媒体的话语表达成为网络空间的自然语料①。因此，有必要采集、提炼、加工个人话语表达，挖掘其语言特点和含义，以及产生原因和解决策略。这样做的目的是引导个人完善知识体系，进行深度思考，从而使个人能够运用话语自如。通过分析个人话语表达的特点和语言含义，可以帮助人们更好地理解和引导年轻人的思想观念、行为方式。这不仅有助于年轻人更好地适应网络交流环境，还可以帮助他们更好地融入同辈话语体系。同时，挖掘个人话语表达的特点和语言含义，也为社会提供了解决问题的策略和方法。

在这个快速发展的网络社交媒体时代，个人话语表达的重要性不可忽视。通过深入研究个人话语表达的特点和语言含义，可以更好地理解网络社交媒体对个人话语表达的影响，从而引导个人进行更加深入和有意义的思考。同时，借助这些研究成果，也可以更好地指导年轻人，并提升他们在网络空间中的话语地位。

（二）个人的思想心理嬗变性

在现代社会中，言语活动是人们表达内心想法的一种重要方式。它不仅仅是交流的工具，更是反映个体思想和心理的一面镜子。当下的网络热词“内卷”等，不仅在形式上给人以娱乐，更是体现了个体思想心理的变化。个体思想心理的变化与个人健康成长和全面发展息息相关。一个人的思想和心态直接影响着他的情绪、行为和社交关系等方方面面。因此，思想政治教育有着重要的责任，即引导个体朝着健康和谐的方向发展。

在新时代，思想政治教育需要关注个体思想心理的变化，切实构建合适的教育方式。教育者应该与学生建立良好的沟通和信任关系，了解他们内心的真实想法和需求；要创造积极向上的教育环境，鼓励积极乐观的态度和行为，培养学生的自信心和责任感；应该注重培养学生的创新精神和批判思维，

---

① 包扬扬.新时代网络主流意识形态话语权建构研究[D].桂林：广西师范大学，2023.

使他们具备良好的思辨能力和问题解决能力。

通过关注个体思想心理的反映和采取合适的教育方式，可以培养出具有正能量的“时代新人”。这些新人将拥有积极的生活态度和健康的心理素质，能够适应社会发展的需求，为国家和社会做出积极贡献。

（三）个人的话语圈层化

随着社交媒体的兴起，人们开始在小众化和个性化的兴趣爱好圈子中形成高度联系。这些小圈子不仅提供了信息交流和话题讨论的平台，还成为情感沟通和群体认同的重要场所。但这些小圈子的话语具有一定的排他性和隐匿性，是成员情绪宣泄、精神需求和群体认同的重要体现①。这种话语圈层化现象源自不同的群体分类。这些群体包括分享失败故事、脱困讨论的小组，以及那些心态“躺平”、处于迷茫困境中的“家里蹲自救同盟”等。有学者将当代中国青年群体分为内生性群体、建制性群体、杠杆性群体、示范性群体和原子性群体五类②。其中，杠杆性群体在发声、集散思想文化信息以及引导社会舆论走向方面极为擅长。不同的群体由于置身于不同的社会环境，与主流信息距离较远。容易导致“信息茧房”现象的形成，并加剧“回音室效应”和“沉默的螺旋”效应。这种现象会压缩个人思考的空间，逐渐导致人们丧失基于逻辑判断的意愿和习惯。

《互联网信息服务算法推荐管理规定》要求各大软件关闭个性化推荐服务，旨在保护用户算法知情权和选择权。这一规定的制定是基于对用户隐私、个人权益和信息安全的重视。尽管存在这样的规定，但用户使用习惯和圈层文化仍然可能造成信息茧房、大数据杀熟和算法诱导等。行为数据被用于个性化推荐可能导致用户接触到狭窄信息，错失多样化的观点和信息资源。而大数据杀熟则可能使得个别用户被定向收费，对消费者权益造成损害。

---

① 凌海霞．新兴青年群体思想政治教育研究 [D]. 长春：吉林大学，2023.

② 廉思．当代中国青年群体的思想谱系 [J]. 人民论坛，2021，（10）：12-17.

例如，在哔哩哔哩网站的弹幕场景中，弹幕话语的使用为群体带来了参与感、现场感、认同感和归属感的增强。用户可以通过弹幕与其他观众互动，进行实时的评论和回应。这种互动和共鸣能使用户更好地参与体验，并强化他们对社群的归属感。但一些虚假的科学普及、知识传播、信息分享可能给用户带来欺骗和煽动的风险。虚假的信息会误导用户，产生不良后果。因此，需要对科学知识的传播和信息分享进行有效的监管和管理，以确保用户获得真实可靠的信息。

圈层话语和情绪的引导、管理至关重要。正确引导圈层话语和情绪能够促进良好的社交和交流，但如果受到误导或滥用，可能引发错误思潮和言论。为了避免这种影响，思想政治教育话语主体应提高对其的关注和引导，借助马克思主义思维方式，引导人们更好地理解和应对错误思潮、言论，提升个人的思想水平和思维能力。

第二节　新时代价值确认

一、为维护意识形态安全提供合法性保证

意识形态工作一直是关系国家前途命运和社会稳定的重要工作。一个社会主义国家的性质和民族向心力、凝聚力都与其意识形态密切相关。因此，思想政治教育话语体系作为意识形态领域的重要组成部分，具有重要的历史使命。

一方面，思想政治教育话语体系以马克思主义为指导，旨在向广大人民群众进行科学而系统的认知解释。通过它，马克思主义及其中国化理论和实践能够获得广泛的群众支持基础。毫无疑问，在社会主义国家中，人民对于正确的世界观、人生观、价值观和政策主张的认知是至关重要的。只有通过

正确的思想政治教育，人民群众才能对现有社会形态和社会制度有理性的认识。另一方面，思想政治教育话语体系须建立在合法性资源之上。它应该宣传正确的观念，并确保广大人民群众能够从宣传中获得对现实的理性认识。正是通过这种认识，人们才能真正理解社会发展的规律，从而树立正确的世界观和价值观。最重要的是，思想政治教育话语体系能够形成广大人民群众在理想、价值和道德观念上的共识。这种共识不仅能够维护社会主义意识形态的安全，还能够促进人民群众发挥其强大的凝聚力和引领作用。在这个意义上，思想政治教育话语体系具有不可替代的重要作用。

当前，主流意识形态的创新和适应是至关重要的。随着时代的变迁，意识形态需要不断进步，以避免被民众和时代所抛弃。成功的意识形态须具备灵活性，能够吸引新团体的支持，同时赢得旧团体的忠诚拥护。

在思想政治教育话语体系中，合理解释和辩证灵活的意识形态是必要的。但这种表达方式往往难以被广大人民群众所接受。因此，要通过与相关群体、社会热点和社会现实相结合的方式，对社会问题和现象进行解释、辩证。这样，才能实现人民群众的认知飞跃。当前，中国的主流意识形态是社会主义意识形态。非主流意识形态通过渗透和传播来削弱人们对社会主义制度、主流意识形态的认同，这就需要人们引起重视，并采取措施，防止意识形态的瓦解。

社会思潮的出现可能会巩固或削弱意识形态的安全，而社会热点往往是思潮传播和转化的推动力。在新时代思想政治教育话语体系中，要通过回溯源头来解析这些社会热点，并合理应用主流意识形态的解释，以巩固话语权。同时，还要有效防范资本主义意识形态对中国特色社会主义认同的破坏，确保中国特色社会主义的安全稳定发展，避免陷入话语陷阱①。

---

① 张无忌，董杜斌．新时代高校网络意识形态话语权构建研究 [J]. 广西青年干部学院学报，2023，33（06）：37-41.

二、为实现中华民族伟大复兴提供价值共识

中国特色社会主义进入新时代，意味着中华民族迎来了实现中华民族伟大复兴的光明前景。要实现中华民族伟大复兴的目标，就要拥有强大的物质力量和精神力量①。

改革开放以来，中国人民取得了巨大的物质成就。经济发展十分迅猛，人民生活水平显著提高。与此同时，中国社会也进入了构建全新价值体系的时期。市场法则和网络化信息化进程使得价值观念越来越复杂，各种思想文化交流、交锋、交融也频繁发生。在这个过程中，为锻造民族凝聚力、向心力和文化自信，整个民族都需要逐步达成核心价值观方面的共识。但在现实背景中，指导思想与社会思想意识并存，各种问题相互交融、相互影响，使得推动社会主义核心价值观占主导、谋共识任务更加艰巨。如果无法将各种价值观念进行交融，形成一个统一的社会价值系统，可能导致价值观念纷繁复杂，价值体系分崩离析，从而动摇中华民族伟大复兴的根基。因此，在新时代推进中华民族伟大复兴的过程中，主流意识形态需要提供强大的价值共识作为精神支撑，以核心价值体系作为引导②。只有在大家共同奋斗下，才能够实现中华民族的伟大复兴目标。这个目标不仅仅包括物质的繁荣和国家的强盛，更重要的是在思想和文化上有更加坚定的自信，有共同的价值观念体系支撑行动。只有如此，才能够进一步巩固和发展中国特色社会主义，迈向中华民族伟大复兴的新征程。

社会主义核心价值观是一种包含丰富的价值要素的理念。新时代思想政治教育应将社会主义核心价值观融入人民群众的精神生活中，构建起保障意

① 李仁银.新时代主流意识形态引领网络统战的优化理路[J].上海市社会主义学院学报，2024，（01）：142-154.

② 孔蕊蕊.马克思恩格斯意识形态思想及其当代价值研究[D].大连：大连海事大学，2023.

识形态安全的价值观防线[①]。广大人民应成为拥有正确世界观、价值观和人生观的建设者，为中华民族伟大复兴提供价值共识和精神动力[②]。同时，新时代思想政治教育也应在国际范围内宣传和阐释社会主义核心价值观的精神价值，发挥其在引领价值观方面的作用。

社会主义核心价值观的提出与推崇是为推动现代人们履行自己的责任、义务，同时，推动国家和社会的进步。通过强调各个层面的价值取向，不仅有助于塑造社会秩序和公共道德，还有助于培养个人的品德和道德感。通过将传统观念和现代价值观融合，不仅能满足人们的基本生活需要，还能推动社会进步、发展。要想实现社会主义核心价值观，需要一系列的措施和政策的支持。这包括加强思想政治教育，提升社会主义核心价值观的宣传力度，并促进社会各个领域的制度建设。只有大力推广社会主义核心价值观，才能够真正使其成为人们认同、追求和实践的价值体系。同时，还需要重视国际交流与合作，将社会主义核心价值观的精神传播给世界，为全球发展贡献中国智慧。

三、为培育时代新人提供实施策略

人是有意识的感性存在物，这意味着人的思想和行为都受到其主观意识、感性经验的影响。因此，思想政治教育作为一种重要的教育形式，旨在引导和培养人们正确的价值观和思维方式。

目前，思想政治教育的主要目标是培养拥护社会主义制度的有用人才。社会主义制度的核心是人民利益和社会稳定，通过引导人们正确把握社会主义制度的本质和意义，思想政治教育可以帮助人们树立正确的价值观和人生

---

① 栾淳钰．思想政治教育“可视化”：价值、困境与举措 [J]. 北京：马克思主义与现实，2023，（06）：141-148.

② 姚莉．在中国式现代化伟大征程中推进思想政治教育现代化 [J]. 北京：北京教育（德育），2024，（01）：24-28.

观，以便更好地为社会做出贡献。革命先辈将个人命运与祖国和社会主义命运相结合，为中国找到了兴国之路。他们将自己的责任与国家的利益紧密相连，不仅为国家做出了巨大贡献，也为后代树立了榜样。这一点再次证明了时代新人，特别是青年和未成年人，具备成为国家栋梁之材的潜质。他们正处于人生发展的重要阶段，他们的思想和行为习惯正在形成，思想政治教育可以帮助他们塑造正确的价值观和认识世界的方式。

在新时代，思想政治教育要拓宽育人视野，调动各个领域的话语，达到合力育人的目标。在这个信息发达、多元化的社会，人们的思想和观念受到多方面的影响。因此，思想政治教育应该充分利用媒体和互联网等渠道，传播正确的思想和价值观，引导人们正确评估和判断信息。同时，思想政治教育应加强对文化、艺术和传统价值观的教育。艺术和文化作品不仅具有审美价值，还可以传递思想和价值观。通过展示优秀的文化和艺术作品，思想政治教育可以帮助人们认识到艺术和文化对人们思想的影响，从而塑造正确的人生观和价值观。

（一）用生活话语强化教育话语

培养高素质“时代新人”是当今社会发展的需要，也是青年成长的关键任务。其中，具备爱国精神、家国情怀、崇高理想和坚定信念的个体发展是最为重要的。为了达到这一目标，应创新思想政治教育话语体系，引导青年、未成年人重新审视个人与国家的关系。教育体系变革需要从思想源头开始，通过启发个人意识和自主思考，帮助他们明确自己的责任和义务。同时，还需要帮助他们克服精神世界中的浮躁、幽暗和迷茫，赋予人生更多的价值和意义。在时代的快速发展中，年轻一代往往会迷失自己，感到无助和困惑。因此，要给予他们指引，帮助他们将个人的追求与国家的命运相结合。这样，他们才能在自我实现的同时，为国家和社会做出更大的贡献。此外，还要关注“空心人”等情绪心理问题，引导个人积极、乐观地追问和探索个人以及社会发展的道路。许多青年在社会压力和挑战面前容易退缩和动摇。对此，应鼓励他们勇于面对困难和挫折，培养坚定而积极的心态，使他们成为真正的坚定者、奋进者和搏击者，而不是犹豫者、懈怠者和畏难者。

（二）用现实话语转换理论话语

在开展理想信念教育时，要将道理融入生动、形象的语境中，使学生愿意听、听得懂。一种有效的方法是用现实话语替代历史话语，通过树立楷模和榜样的方式来强化教育效果。为了培育青年的爱国情怀，可以借助一些鲜活的榜样人物，如邓稼先、钟南山、吴孟超等。这些杰出的科学家和专家不仅在各自领域取得了巨大成就，还具有强烈的责任感和爱国情怀，他们的事迹可以深深地感染和激励年轻人。

在新时代，个人应当感恩、致敬和传承过去，永不满足现状，也永远不要害怕世界大变局的到来。要对未来保持追求，并在理想与信念的引领下实现精神纽带、精神动力的和谐统一。同时，也要坚定对社会主义的信仰与追求，确立为中国特色社会主义建设大业而奋斗的理想和信念①。在自己的岗位上为国家和人民的发展做出贡献。

（三）用网络话语辐射其他话语

新时代网络话语的辐射效应以及个人的网络素养成为社交和信息获取的重要方面。为了传播真理性和具有感染力的内容，应通过运用精准推送等技术手段和措施，提升个人的网络认知能力、辨识能力和收集能力。此外，传播真理性和感染力强的话语内容，还可以帮助个人增强网络行为的自我管束能力和安全防范能力。所有这些措施将有助于个体成为时代新人。

---

① 张梦圆 . 网络思想政治教育方法的集成创新研究 [D]. 南京：南京邮电大学，2023.

第三节　体系创新的实践动力

在历史产生的过程中，许多单个意志的相互矛盾起着重要作用。这些个体的意志和愿望形成受到特殊的生活条件影响，这包括社会、经济、政治等各个方面的因素。因此，在新时代的思想政治教育中，需要考虑思想政治教育专业、个人和国家的共同作用。思想政治教育专业、个人、国家的意志和愿望是由客观的社会现实所决定的。不同的领域和行业有不同的要求，个人的追求和国家的需要也会有所不同。而这些思想政治教育专业、个人、国家的意志和愿望是在特定的社会环境和历史条件下形成的。

在新时代，思想政治教育的话语体系需要进行创新。这种创新的基本动力是满足和实现各方需求和利益的多层次系统。在这个过程中，需要考虑到思想政治教育专业领域的特殊性，个人的追求以及国家的发展方向。只有在满足这些需求和利益的基础上，才能实现思想政治教育的目标。因此，新时代思想政治教育话语体系创新需要充分考虑思想政治教育专业、个人和国家的共同作用。只有满足和实现各方的需求、利益，才能促进新时代思想政治教育话语体系创新。

一、新时代思想政治教育的发展之需

现实应当力求趋向思想，光凭思想力求成为现实不够[①]。这一观点强调了现实与思想的相互作用，认为单纯追求思想而忽视现实的需求是行不通的。在思想政治教育领域，必须解决思想要求与现实要求的协调、匹配问题。这

① 马克思，恩格斯．马克思恩格斯选集：第 1 卷 [M].3 版．北京：人民出版社，2012.

就需要创新思想政治教育话语体系，使其能够更好地适应现实的实际需求。

思想政治教育的发展是历史性和共时性、继承性和创新性的有机统一。这一观点强调了思想政治教育的发展是紧跟时代步伐的，既要传承前人的经验与智慧，又要不断进行创新。思想政治教育的实践过程应该与时俱进，革故鼎新，以适应不断变化的社会和时代需求。在新时代，思想政治工作须在守正创新中保持生机活力。这就需要在传统基础上创新思想政治工作的方法、方式，不断适应新时代的要求，只有保持创新，才能使思想政治教育工作不断发展，焕发出生机活力。实现思想政治教育理论需要、实践需要的良性互动，要厘清思想政治教育发展与新时代思想政治教育话语体系创新的逻辑关系。

（一）二者共同的目标指向是完成新时代思想政治教育的阶段性任务

思想政治教育是服务和服从于中国特色社会主义建设事业的，以培养时代新人为目标。在新时代要求下，思想政治教育学科建设要回应新时代赋予的任务和使命，并更好地服务于中国特色社会主义伟大事业的实践。

为了推进思想政治教育理论研究和实践探索，要更加注重实践导向。在实践中不断探索和研究，思想政治教育才能更好地适应时代的发展。同时，为了创新思想政治教育话语体系，要关注问题导向和现实关怀，反映中国发展的客观实际。这样一来，思想政治教育的内容和方法才能更贴近学生的需求、现实社会的要求。

思想政治教育的创新不仅是为了立德树人，更是为了促进新时代中国特色社会主义事业的发展。通过创新思想政治教育的方式和手段，可以更好地培养学生的爱国主义精神、社会责任感和创新能力，从而为中国特色社会主义的发展做出更大的贡献。

（二）新时代思想政治教育实践发展需要思想政治教育话语体系创新

新时代思想政治教育话语实践是多方面的。例如，思想政治教育的“双主体”结构是思想政治教育话语体系的重要组成部分。思想政治教育不再是传统的单向灌输，而是要建立起教师与学生之间的积极互动、主体性参与的关系，从而提高教育效果。对于新时代思想政治教育话语体系来说，还需要积极回应和行动，以满足话语客体的多元需求。随着社会的发展，学生对思想政治教育的需求也日趋多元化。因此，思想政治教育话语体系需要不断地进行调整和改进，以适应不同学生的需求。为了避免滞后，思想政治教育话语体系还应对实践发展做出及时的回应，与实践相互作用，为实践提供指引，并引领学术方向。只有密切结合实际，才能更好地培养学生的思想政治素质和创新能力。

（三）新时代思想政治教育话语体系创新推动思想政治教育发展

在新时代背景下，思想政治教育的发展离不开对时代声音的关注。为适应新时代的变革和发展，要创新时代话语体系，这需要以新时代的宏观背景为基础。除此之外，还应洞悉话语的发展态势，系统地描述世界、国家和个人话语的整体景观。

为了将理论成果积极应用于具体的工作中，要在实践和理论的互动中完善教育理念、深化教育内容并创新教育方法。通过这样的方式，可以为思想政治教育注入新鲜的活力。同时，这些努力也为培养时代新人提供了理论支撑和智力保障。新时代的思想政治教育应该培养具有创新精神、担当责任、具备国际视野的时代新人。通过关注时代的声音和创新教育方法，可以更好地实现这一目标。

为了不断推进思想政治教育的发展，也要密切关注时代的变革和发展，同时积极运用相关理论成果。如此，才能为培养时代新人提供更好的教育，为社会发展注入更多的活力。

二、新时代个人的发展之需

（一）满足个人的新利益需求

个人的利益需求是一种复杂而多样化的概念，不应简单地被标签化或绝对化定义。它与每个个体的能力和需要密切相关，只有当个人的利益需求与其能力和需要相一致时，才能转化为自我价值意识和行动。在新时代，个人的利益需求逐渐从物质文化需要转向对美好生活的需求。但由于每个个体的生存境遇和生活方式等的差异，人们对于美好生活的定义存在多样性。每个人都有自己独特的价值观和目标，因此对于实现美好生活的方式和途径也各有不同。

个人需求涉及的领域非常广泛。首先，个人有生存消费需求，包括食物、住房、交通、医疗等基本生活需求。其次，个人还有基本公共服务需求，如教育、就业、社会保障等。再次，个人还有社会政治需求，即参与社会和政治事务的需求，以实现自己的权益和价值观。然后，个人还有和平安全环境需求，一方面是人身安全的需求，另一方面是社会和谐、国家稳定的需求。此外，个人还有生态环境需求，即对于清洁的环境和可持续发展的需求。最后，个人还有精神文化生活需求，包括文化娱乐、精神满足、心理健康等。

满足复杂多变的个人需求是新时代思想政治教育话语体系发展的重要任务。思想政治教育应该关注个人的不同需求，并提供相应的教育和培训，以帮助个人实现自身的价值和目标。这需要从多个层面来发展思想政治教育，包括教育体制、内容和方法的创新，以满足个人多样化的需求。

（二）满足个人的新表达方式

随着网络技术的不断进步，个体表达方式也随之发生了一些变化。过去，人们主要通过文字来表达自己的情感和思想，但现在，表情包、图片的使用已经成为一种越来越流行和普遍的表达方式。表情包是一种以调侃幽默、通俗易懂的风格而受到大众广泛使用和接受的表达方式。人们可以通过使用表情包来传达自己的情感和态度，而不仅仅依靠文字。这种简洁直观的表达方式受到了很多人的喜爱和追捧。值得注意的是，不同的年龄段和群体对于表情包的使用也有所差异。年轻人常常使用与他们自身相符合的表情包，而一些中老年人则使用与他们自己的文化和生活经历相关的表情包。这些不同的表情包代表了不同的代际差异和文化隐喻，反映了不同群体之间的差异和特点。

在思想政治教育中，话语主体应正确地对待和引导这种表达方式。表情包和图片的使用给予了个人更加自由和多样的话语空间，让人们能够更直接地表达自己的情感和观点。应该鼓励人们用表情包和图片来表达自己的思想，同时也要提醒人们注意使用的方式和场合，以避免出现使用不当的情况。

（三）满足个人的话语权

自媒体平台的出现为个体在网络空间中赋予了平等的话语权，使得个人能够自主发表言论、表达观点并与他人平等地交流。同时，自媒体还有助于缓解社会紧张关系，减轻社会焦虑的程度。但自媒体也带来了一些问题，例如，在网络空间中，个体流量差距较大。这就需要新时代个体积极拓展自己的个人流量，进行社会观察、理性思考和交流，以实现对价值判断和知识增长的追求。同时，个体也应该在国际舆论场上为自己和国家发声，尤其是在发声渠道受限的情况下。个体更需要提高话语内容的思考力和吸引力，掌握新的话语规则，在基于事实的叙述中实现内容的传播。这样，个体可以获得新的媒介话语权，在国际舆论中实现有序性和建设性的参与。这样的参与将有助于个人获得更多的机会，并且能够为国家和国际社会做出更积极的贡献。

三、新时代国家的发展之需

（一）凝心聚力，熔铸强国共识

在当前政治多极化、经济全球化、文化多元化以及社会信息化的潮流中，为了推动国家的发展，要建立起团结一致、众志成城的主流话语氛围。为此，思想政治教育话语体系要着重加强对中国特色社会主义理论体系的大众化、学理化阐释，要具备主导力、影响力和传播力。

在实践中，要通过运用思想和理论来引领社会的发展。思想政治教育话语体系应当起到榜样的作用，以此使人民群众树立起理想信念。通过加强对理论的广泛宣传和普及，可以让人们形成共同的认识和共识，激发起更强的斗志。

此外，还要将思想政治教育话语体系转变为具体、可感知、平等对话式的形式。这样能够更好地与人民群众进行交流和沟通，使其更容易理解和接受其中的理论要点。通过与人民群众的平等对话，可以更好地了解他们的真实需求和关切，进而有针对性地制定相应的政策和措施。

（二）正本清源，贡献中国智慧

在国际话语舆论场中，不同国家的观点常常会发生碰撞和融合。为了塑造国家形象，许多国家都试图通过自己的话语体系来实现这一目标。对于中国来说，要实现话语的自信和影响力，思想政治教育话语体系应勇敢地面对话语陷阱和交锋。

为了阐明和说服核心概念，中国需要积极地构建话语主题，如中国梦等。通过凝聚力、阐释力和说服力，使中国话语体系展现出中国在国际社会中的地位和形象[①]。此外，突出中国话语的思想力量对于影响世界对中国的整体判断也非常重要。

中国要避免被边缘化，就不可沉默无声。通过活跃参与国际话语舆论场，并勇敢面对其他国家的话语交锋，才能够在国际舞台上发挥更大的作用。不应当退缩，而是应该自信地展示自己的话语体系，以促进国际社会对中国的全面了解和认知。

① 崔楠，祁峰．新时代加强主流意识形态话语权建设的现实路径[J]．学校党建与思想教育，2023，（14）：36-38.

第五章　新时代思想政治教育话语权转型的实践举措

新时代思想政治教育话语体系创新是当前思想政治教育领域的一项重要任务，首先，它能突破资本主义意识形态话语体系的“层层围剿”，是新时代思想政治教育话语体系创新的首要任务。在这个过程中，引领我国实践走向，通过对话和交流，不断提升我国文化的国际竞争力。这就需要与国际接轨，积极参与全球话语权的争夺，用自己的思想理论体系来影响和引导世界的发展。

其次，新时代思想政治教育话语体系创新要通过人的自由而全面地发展，培养人成为能支配自己未来的能动者。这就要求在思想教育中注重培养人的主体意识，鼓励人们勇于探索、勇于创新，使每个人都能真正实现自己的价值。

再次，创新思想政治教育话语体系还要引导人深刻理解符合社会利益的话语内涵、方式和价值目标。这意味着要注重培养人的社会责任感和价值观念，使每个个体都能在实现自身发展的同时，为社会做出更多的贡献。

然后，新时代思想政治教育话语体系创新还要回答现实问题、回应人的关切，寻找实现自由而全面发展的答案。这意味着要注重与现实紧密结合，关注人们现实生活中的困惑和问题，通过提供合理有效的解决方案，促使人们在思想和实践中得到真正的解放。

最后，新时代思想政治教育话语体系创新要根据目标和原则进行整体创新，加强话语主体建设、聚焦环境背景、创新范型组成和开拓行为习惯。这就要对话语体系进行全面的改革和创新，从话语主体的构建开始，聚焦社会环境的变化，创新话语范式和方式，并培养习惯于创新思维和行为的人才。

第一节　增强话语主体建设

一、提高人才素养

（一）提高政治素养

思想政治教育话语体系是马克思主义意识形态话语体系的重要组成。它的目的是强化主流意识形态，保护意识形态的安全。思想政治教育话语的主体应当具备高度的政治修养。这包括拥有坚定的政治立场、高尚的政治品质、卓越的政治素质、敏锐的政治洞察力等方面的特征。在面对人们的价值观和立场选择时，教师应能揭示选择的必然性。这意味着教师需要充分了解和理解不同立场的形成原因，以便能够引导学生认识到选择的根源和后果。通过揭示选择的必然性，教师能够帮助学生更好地理解自己的立场，并在思想政治教育中形成正确的认知。话语主体的政治素养与其话语行为密切相关。具有高政治素养的话语主体通常会展现立体全面的话语行为，以朴实清新、通俗易懂的风格进行表达。这样的话语行为能够更好地与受众产生共鸣，并有效地传达意识形态的内容。相反，政治素养不强的话语主体的话语行为往往难以引起听众的共鸣和思考。可从以下几点提高话语主体的政治素养。

1.始终保持政治上的坚定和清醒

政治作为社会的核心问题，应当始终贯穿于各类讨论和话语中。无论形势如何复杂，现象如何纷繁，都应该紧紧绷住政治这根弦，以确保观点和言论符合正确的政治导向。在社会转型升级的过程中，因为文化多元碰撞的存在，往往会产生各种意识形态的杂音和噪声。要积极批判和抵制这些不合理的观点和思想，以确保社会的发展方向不偏离正轨。要进行有效的批判和引导，运用自己的渊博的理论知识、清晰的逻辑结构和正确的观点。只有这样，才能够准确地判断出问题的所在，并对其进行严厉的批评和引导。在引导话语客体时，应帮助他们辨别和批判那些迷惑性思想和观点，提高他们的政治敏锐性和鉴别力。这样，他们才能够更好地理解和把握政治的本质，从而做出正确的判断和选择。

2.多读马克思主义经典著作，提高把关定向能力

在新时代，要以科学的态度对待科学理论，特别是马克思主义。马克思主义是指导人们思想和行动的重要指南，要深入学习和领悟其精神实质。要学习马克思主义，首先要多读马克思主义的经典著作。马克思主义的思想体系非常庞大且深邃，只有通过阅读马克思主义经典著作，才能真正理解其中的精神实质和精髓灵魂。学习马克思主义不仅仅是表面上的学习，更需要真学、真信、真懂和真用。只有通过真正的学习、坚定的信仰、深刻的理解和切实的应用，才能真正掌握马克思主义的精华。

学习马克思主义不仅有利于理论修养提高，还可以提高政治素养。学习马克思主义可以增强政治的坚定性、敏锐性、鉴别力、领悟力和执行力。这些品质对于人们在实践中正确处理问题和推动社会进步至关重要。在思想政治教育中，要摒弃形式主义的做法，要以实事求是的态度来解决和处理实践中的新情况。不能简单地应用马克思主义的理论，而是应该根据实际的情况，因地制宜地运用马克思主义。同时，要实现对话语客体的正向引导，释放马克思主义的说服力。应该通过深入研究、广泛讨论和集思广益的方式，使马克思主义的观点和理论在实践中发挥出更大的影响力。

3.学懂、弄通新时代中国特色社会主义思想，用以武装头脑、指导实践

习近平新时代中国特色社会主义思想是马克思主义中国化的重要创新成

果。近年来，中国特色社会主义取得了巨大的成就，并形成了一系列理论和实践经验。习近平新时代中国特色社会主义思想是这一创新成果的总结和升华，具有重要的理论和指导意义。

习近平新时代中国特色社会主义思想指导中国特色社会主义建设伟大事业。在当前全球形势不稳定、不确定性增加的背景下，中国正面临着前所未有的发展机遇和挑战。习近平新时代中国特色社会主义思想为人们提供了科学的理论指导，明确了中国特色社会主义建设的目标、道路、原则和制度，为推进中国特色社会主义事业提供了强大动力和坚实基础。

实践是获取真知的重要途径，理论与实践相结合是关键。创新理论是从实践中不断总结和提炼出来的，只有把理论与实践相结合，才能保持理论的科学性和指导性。习近平新时代中国特色社会主义思想不仅是开放式思想，更是需要在实践中不断丰富和发展的。只有在实践中不断验证和实现，才能真正取得实际效果。

话语主体要在实践中理解思想精髓，实现知行合一，增强“四个意识”、坚定“四个自信”、做到“两个维护”。坚持正确言论导向，要加强话语权，将话语主体的建设更加牢固地立足于实践之中。只有在实际工作中，才能更好地理解和把握习近平时代中国特色社会主义思想的精髓，用实际行动彰显信念和决心。同时，要真正将这些思想融入实践中，把实践推动到新的高度。

（二）涵养道德素养

1.养成高尚的师德

（1）作为思想政治教育者，应该以德立身、立学、施教。这意味着应具备良好的道德品质，做到言传身教，以身作则。只有通过师德的实践，才能成为学生的榜样，并教导学生在自己的生活和学习中注重道德素养的培养。

（2）思想政治教育的合法性建立在人的理想性存在的前提之上。这意味着每个人都有追求自己理想的权利，而思想政治教育则应该帮助学生发现和追求自己的理想，并为他们创造良好的环境和条件。

（3）思想政治教育的对象是现实的个体。不同的人在相同的环境下，由于个人的特点和经历不同，他们对于思想政治教育的内容和意义的理解可能也不同。因此，思想政治教育者需要根据个体的情况和需求，灵活运用不同的教育手段和方法，以满足每个人的发展需求。

（4）在进行思想政治教育时，话语主体应具备内在的崇高态度和情感，并发挥师德魅力，增强亲和力和吸引力。这样，才能赢得学生的信任和尊重，从而更好地引导他们的思想和行为。

（5）思想政治教育应该起到正面引导和示范作用，促进人的自由而全面地发展。这意味着思想政治教育者应该帮助学生建立正确的价值观，培养良好的行为习惯，让他们在思想和精神上得到全面的提升和发展。

2.养成自律的品格

在现代社会中，法律是人们行为的准则，而道德律则是一种内心自我约束的力量。在这个信息迅速传播的时代，思想政治教育的重要性愈发突显。而要达到此目的，个体首先要严于律己，不断修炼自身的道德素养和形象。

在思想政治教育中，利用正面、积极的道德力量来影响他人，赢得他们的信任至关重要。因此，须遵守国家法律和教学纪律，确保言行符合主旋律和正能量。如此，才能避免个体不道德行为通过网络媒体对社会造成负面影响。

为了在道德领域更上一层楼，应该向那些具有家国情怀、奋斗精神、高尚情操等品质的榜样学习。通过观摩他们的行为，可以在心灵深处种下一颗道德的种子。同时，也应该不断提升自身的道德素养，并树立道德理想。通过自身的努力，才能在道德的道路上取得真正的进步。

践行道德并非一蹴而就，而是一个需要从细微和点滴做起的过程。在日常生活中，应该以诚信、友善和尊重他人为出发点。可能只是一句问候、一个微笑，或者帮助他人的举手之劳，但这些点滴的行为都能展现出道德观念和品格。通过积累这些点滴，能够逐渐塑造出高尚的道德形象。

（三）锻炼业务素养

1.学会讲道理，以理服人

中华民族一直以来极度重视道理，将其视为思想政治教育的核心。为了提高讲理和辩理的方法、技巧，可以从细处、小处、实处着手。这意味着将思想政治教育从书本中拉出，推向现实，关注民生问题，广泛接触社会的脉搏。

为了实现这一目标，应将社区调解、广告宣传等各种形式纳入教育的视野，总结并借鉴这些领域的说服教育经验。灌输和传播道理的同时，也要使道理具象化和实践化，让学生能够将其应用于实际生活中。

在进行思想政治教育的过程中，还需要引导话语主体的情绪和心理朝着积极、健康的方向发展。通过积极引导和鼓励，可以培养学生正确的价值观和情绪控制能力。

加强需要观教育也是非常重要的一环，这意味着教育者需要从学生的角度出发，了解他们的需求和关切，并与他们进行互动和沟通，以实现双方的价值同构。

2.学会讲文化，以文化人

个体文化自觉意识的觉醒是提升思想政治教育文化含量的前提条件。文化自觉意识是一个人对自己所处的文化环境的认知和理解。只有个体意识到自己所在的文化背景，才能更好地接受和理解思想政治教育的内容，从而提升思想政治教育的文化含量。思想政治教育通过传递民族的价值观念和准则，影响个体的精神世界和行为方式。这种改造过程是一个渐进的过程，需要不断地培养和引导。

人们的文化认知水平与其所处的文化背景有关，不同的文化背景会导致不同的理解和解释。因此，在思想政治教育中，教育者需要根据不同的文化背景来进行相应的教育和引导。世界各国的文化都有其独有的特点和贡献，可以借鉴和吸收各国文化中的有益成分，从而影响思想政治教育。在与不同文化背景和教育经历的话语客体进行交流时，思想政治教育话语主体应形成文化自觉，突出人文关怀。在与不同文化背景的人进行交流时，思想政治教育者需要以对方的文化背景为重点，关注对方的人文关怀，使交流更加顺利和有效。关怀每一个话语客体的人生轨迹和鲜活故事，思考以何种方式、创造何种文化产品，找准正向引导、教育的着力点。思想政治教育者应该关注每个人的人生轨迹和故事，思考如何通过创造文化产品的方式引导和教育人们，找到正向引导的重点。

以文化沟通为工具实现先进思想文化的回应和引导。文化沟通是推动不同文化的交流和理解的重要手段，通过文化沟通，可以更好地回应和引导先进思想文化的传播和影响。汇集民情，凝聚民心，思想政治教育应该汇集人们的民情，凝聚人们的民心，通过教育的合力，促使个人的价值观与主流意识形态进行沟通和对话，实现个人精神世界的改造。

（四）培养网络素养

网络素养是当今信息社会公众必备的重要素质和修养。在这个高度信息化的时代，能够灵活运用网络的知识和技能，具备辨别信息真伪和进行辩证思维的能力，以及拥有网络虚拟沟通与交往中的道德修养，已经成为人们追求成功和适应社会需要的基本要求。马克思主义意识形态作为一种思想体系，需要依托先进技术和有效传播形式深入传播。如今，网络成为一个广泛而便捷的传播平台，它加速了信息沟通的速度和范围。因此，马克思主义意识形态的传播也需要充分利用网络的优势，使其在网上形成新的传播格局。

思想政治教育作为马克思主义意识形态的传播主体，需要树立起线下实践和网上思想动员的理论阵地。线下实践能够直接与人们进行面对面的交流，更能够深入触及人们的思维和情感；而网上思想动员则可以迅速有效地传递信息，并激发人们的思考和行动。线下与网上的结合，将话语主体的思想政治教育推向更广泛的深度和高度。

对于话语主体来说，提高自身的网络素养是非常重要的。只有具备了充足的知识和技巧，才能在网络上更好地传播马克思主义意识形态，引导和影响更多的人。此外，还需要创新教育的方式和内容，适应社会发展和人们的需求，为青少年提供更多适合他们的网络素养培养方案。

1.把互联网作为重要阵地

互联网已经成为一个充满了意识形态纷争的战场，每个字节都可能被用作传播不同思想观点的工具。这种情况对网络舆情和思想倾向的形成产生了一定的影响。尽管网络是一个虚拟的空间，但话语在其中却具有非常真实的影响力。因此，应该在互联网上使用真实、真诚和真理的话语来与他人沟通交流，以期能够说服、感染和打动对方。只有通过这种方式，才能够改变别人的观念和思想。此外，还要引导人们形成对网络信息的正确认识和良好的网络行为习惯。无论是在社交、购物还是游戏等方面，都应该积极引导人们正确对待网络世界。这样，才能够避免网络上的虚假信息及其带来的不良影响。

思想政治教育也需要通过坚决的话语斗争来抵制算法机制对舆论空间的干预。思想政治教育主体应积极参与并引导这一斗争，确保网络空间不被个别利益集团所控制，并保障每个人的言论自由权。此外，还应广泛开展网络素养教育，特别是在青年群体中。互联网是青年思想教育的重要阵地，应重视培养青年群体的网络素养，帮助他们正确对待网络世界，增强网络信息的辨别能力和自我保护意识。

思想政治教育应在互联网上宣传国家创新理论，塑造风清气正的网络空间。要通过正能量的话语、积极向上的思想观念，为互联网世界注入更多的正能量，让网络空间成为一个有益于社会发展和人们幸福的地方，以实现网络空间的健康发展和人民群众的全面发展。

2.学习和研究互联网技术的运作和传播特点

在现代社会中，思想政治教育话语的主体需要保持领先地位，以提升话语体系的实效性和影响力。互联网话语空间的话语形式和传播方法在这一过程中具有重要作用。为了满足不同话语客体的需求，应致力于创建良好的网络话语环境氛围和新颖的话语方式。

（1）在思想政治教育中，要关注话语客体的利益需求和接受水平。不同的人群有不同的需求，应根据他们的需求来进行针对性的教育。这意味着要灵活运用不同的话语形式和传播方式，以满足他们的需求。

（2）要激发话语客体的接受动机、接受兴趣和能动作用。这是因为思想政治教育不应该是被动的，而是需要话语客体主动参与其中。通过引发他们的兴趣，激发他们的动力，可以促使他们更加主动地参与思想政治教育实践。

（3）应积极促进话语客体更主动地参与思想政治教育实践。这可以通过提供更多的平台和机会来实现。例如，可以鼓励话语客体参与讨论和互动，以有效地传递思想政治教育的内容。同时，还可以利用互联网等新媒体手段，创造更多的思想政治教育交流机会。

二、保障人才供给

（一）聚焦职业发展、实践创新和理论需求，提高主体及群体的内驱力

在培养话语主体队伍的过程中，要关注和解决制约主体内驱力生成的外部因素障碍。只有扫除这些障碍，才能真正激发话语主体队伍的主体性意识。

在理论学习、能力培育和工作实践中，主体性意识能够得以体现。通过理论学习，可以增强自己的专业知识和素养，从而在解决问题和创新工作中体现出主体性意识。同时，通过能力培育，可以提高自己技能和能力，进一步增强对工作的责任感和主动性。在工作实践中，要充分发挥自己的主观能

动性，积极参与并推动工作的开展。

内生动力是激发主体自觉学习和提高自我能力的重要推动力。内生动力来源于对个人发展的追求和对事业的热爱。只有发展内生动力，才能持续保持学习的动力和对个人能力的追求。在这个过程中，要不断反思并调整自己的学习方法和思维方式，以适应不断变化的环境和需求。

思想教育和价值引领是培养主体性意识的重要功能。思想教育可以引导人们树立正确的人生观和价值观，增强对事业和社会的责任感。价值引领可以帮助人们以正确的道德标准来评判和引导自己的行为，从而更好地发挥主体性意识。只有在思想教育和价值引领的指导下，才能清楚地认识到自己的角色和责任，进而在工作中更好地发挥主体性意识。

不同类型的工作岗位要有清晰的职责区别。不同的岗位担负着不同的职责和任务，需要具备不同的能力和素质。要根据岗位要求，明确自己的职责，并根据实际情况进行相应的调整和提升。

（二）形成思想政治教育话语体系创新的人才联盟和协同机制

在当今社会多元化的背景下，不同话语主体之间需要打通学术资源、数据和技术壁垒，实现共享人才培养教学资源和大数据，以及进行跨学科的知识借鉴和理论运用。这样的合作和交流有助于进一步推动思想政治教育话语体系的创新，同时也能提供支持，促进话语主体的培养。

为了实现这一目标，各类机构包括文史部门、高校、科研机构、宣传部门等需要充分结合实践发展和理论研究，借助整合红色文化教育资源。通过在各种工作环节中运用具有时代气息的创造性实践，这些机构可以为红色文化的学习教育注入新的活力。

对于红色文化，应当追求时代性表述，并探索历史学习教育滋养时代新人的创新方式和有效途径。通过形成红色文化的符号、情感、记忆等时代性表述，可以启发年轻一代对红色话语的思考，并潜移默化地将其转化为精神指引和行动指南。

（三）持续调整主体队伍结构，消除教学研究中的隔阂

新时代思想政治教育的实践和研究视野呈现日益开阔的总体趋势，显示出更全方位和更全面的特点①。这一趋势在整个学科内按学段划分呈现，涉及思想政治教育教学队伍的构建、思想政治教育和其他专业教育的协同、课程思政的融入以及专业课程和思政课程的互学互鉴等方面。

在学科内按学段划分，可以构建大中小思想政治教育教学队伍。通过队伍成员间的相互了解，可以达成思想政治教育目标和行动的一致。队伍的构建有助于形成一个协同的工作机制，确保思想政治教育的全面推进。

在同一个学段内，即使教育分工和课程设置不同，思想政治教育也要与其他专业教育的课堂教学协同进行②。这种多方联动的育人体系能够真正形成教育合力，促进学生的全面发展。

课程思政的融入是一项关键举措。通过构建思想政治理论课教师和专业教师层面的合作机制，可以确保思政教育在课堂教学建设的全过程中得到有效融入。最终，通过合作，可以达成价值取向、内在精神等方面的共识，维系育人队伍内部的信赖关系和情感基础。

此外，高校的其他专业领域教师也要在专业课程设置上下功夫。注重政治高度、思想深度、融入力度等方面，使专业课程和思政课程能够互学互鉴、同向而行。使“课程思政”的理论成果得以形成。

（四）提升高校马克思主义学院建设水平，培养马克思主义理论优秀人才

近年来，为了积极贯彻落实《关于加强新时代马克思主义学院建设的意

---

① 王欣玥．网络思想政治教育话语权研究 [D]. 成都：电子科技大学，2022.

② 蒋玉涵．“新的社会阶层”政治认同的思想政治工作问题研究 [D]. 北京：中国矿业大学，2022.

见》和人才培养计划，各高校马克思主义学院纷纷采取了一系列措施，旨在选拔和培养高素质的马克思主义理论人才。

马克思主义学院致力于引导人才提高政治素养。他们注重引导学生增强政治意识和理论素养，通过开设相关学科和课程，培养学生对党的理论和社会主义的政治立场和观点的自觉性。同时，学院也鼓励学者们拓宽学术视野，丰富专业积累，以此来增强教学的针对性、鲜活性和学术性。这样一来，学生就能更好地理解和坚守马克思主义的核心理论，从而为社会主义事业做出更大贡献。

马克思主义学院在重大节点上积极回应现实关切。他们将理论和现实问题转化为学术问题，致力于撰写关于国家重大理论观点和政策的阐释文章，并开展科研和学术交流。这些活动不仅有助于马克思主义理论的深入探讨和发展，也为国家提供了智库的思想力量，为国家决策提供了重要的参考依据。

马克思主义学院也深入基层开展主题宣讲和调查研究。他们借助科学的学术架构、严谨的逻辑论证体系和深刻的理论说服力量，讲清国家的理论和政策，净化噪声和杂音，从而提升话语客体的制度认同感。通过宣讲和研究，学院希望能够让更多的人了解国家的理论和政策，进而加强人们对社会主义的认同。

三、规范人才管理

（一）扩大思想政治教育主体队伍结构，吸纳优秀人才

在“大思政课”理念指导下，要拓宽思想政治教育主体队伍构成。为了做到这一点，需要严格筛选人才，遵循科学核定和结构优化原则。这意味着必须寻找具备理论水平、理想信仰和信服力的人才，以确保思想政治教育的高质量传承和发展。为了吸纳这些人才，要采用合适的选拔手段和机制。这样一来，可以保证有能力和才华的人能够进入思想政治教育主体队伍中。同

时，还需要建立一个高素质、多层次、专业化的主体队伍。这样的队伍可以为思想政治教育工作提供更好的支持和引领，以适应新时代思想政治教育的变化和发展要求。

当拥有了这样一支强大的主体队伍后，可以增强其力量，进一步提高思想政治教育的质量。在新时代背景下，思想政治教育正面临许多新的挑战和机遇。只有主体队伍足够强大，才能够应对这些挑战和抓住机遇，确保思想政治教育工作的创新性和实效性。

（二）建立健全思想政治教育主体的人才档案，定期考评其工作绩效

1.建立健全思想政治教育主体的人才档案

通过记录人才的基本信息、职责任务、工作表现等，可以更好地管理和追踪他们的工作状况。定期考评工作绩效，则能够及时发现人才的优点和不足，为进一步提升其工作能力提供指导。

2.加强政治性和纪律性考评

特别对于青年人才来说，选送参加各级培训是提升其政治素质和纪律观念的重要机会。通过培训，可以增强他们专业知识和能力，提高工作水平，为承担更重要的职责任务做好准备。

3.参与国家级示范培训、岗前培训等活动

这些培训活动不仅可以帮助人才学习专业知识，还能够锻炼其实际工作能力，提高解决问题的能力。通过长期的学习和培训，人才的思想政治教育水平得到提升，工作效果也会更加显著。

4.将学习和培训常态化和制度化

通过建立完善的学习机制和培训计划，人才可以在日常工作中持续学习和提升自己。这种常态化的学习和培训方式有助于保持人才的工作状态和专业能力，提高其对思想政治教育工作的热情。

5.常态化跟踪了解，并进行考核

通过对政治素质和纪律观念不强的人员进行考核，可以及时发现问题，采取相应的纠正措施，确保思想政治教育主体的整体素质和纪律观念达到标准要求。

（三）建立健全思想政治教育话语权建设的激励机制

在开展思想政治教育工作中，激励是一种重要手段，它可以促使话语主体全面提高，更好地实现教育目标。激励形式主要包括物质奖励、舆论奖励和经验推广奖励等。因此，可以通过以下几点来建立健全思想政治教育话语权建设的激励机制。

1.加大对话语主题教育、研究和宣传马克思主义理论等工作的奖励力度

物质奖励可以是奖金、奖品或其他实实在在的物质利益，舆论奖励则是通过宣传报道、媒体报道等形式，让话语主体获得更多的关注和认可。这种激励方式可以激发话语主体被尊重、被肯定、被认可的心理需求和动力，从而更加积极地投入思想政治教育工作中。

2.激励话语主体开展创新思维

创新是推动社会进步的重要驱动力，对于思想政治教育工作也是如此。激励话语主体开展创新思维，可以通过设立创新奖励机制、组织创新项目等方式实现。对于那些在教育工作中有突出表现的个体、群体和组织，应该给予充分的肯定和鼓励，让他们成为榜样和激励他人的力量。

3.使话语主体个体、群体和组织朝着培育时代新人的共同目标前进

在培养时代新人的过程中，个体、群体和组织都发挥着重要作用，他们应相互配合、相互促进，共同推动思想政治教育工作的开展。可以通过定期组织交流、分享经验等方式，加强话语主体之间的协作和合作，形成良好的工作氛围。

4.对典型事迹和模范人物进行经验推广奖励

典型事迹和模范人物有着很强的示范作用，他们的成功经验可以为其他话语主体提供借鉴和启示。通过推广典型事迹和模范人物，可以打造一支更加强大的思想政治教育队伍，提升整体水平和影响力。

第二节　聚焦话语环境变化

一、加强对话交流，关注新时代个人发展

（一）洞悉话语客体的人生困惑、思想难题等需求

青少年面临着许多人生的困惑和思想上的难题。借助话语主体，他们可以寻求前辈们的成功经验来指导自己的思考，消除困惑和解决难题。

在缓解人生困惑和思想难题方面，年轻人可以借鉴前辈的成功经验。可以通过与前辈的交流和学习，了解到前辈们是如何应对困境和挑战的，并从中汲取经验和智慧。通过这样的交流，青少年可以开阔思路，寻求到解决问题和超越自我的方法。

思想政治教育话语主体，应该关注时代的关切，洞悉人生困惑和思想难题。教育者需要通过讲解问题的本质，传递正确的价值观念和指导思想。实际上，思想政治教育不仅是传授知识，更是引导学生思考和认知世界的过程。只有深入了解问题，才能更好地指导青少年思考和行动。

为了更好地发挥话语主体的作用，教育者需要考虑如何宣传和吸引注意力。通过吸引人的方式，例如，使用丰富多样的教育资源和互动的教学方式，能够激发青少年的兴趣，提高他们的行动力和创造力。只有在积极的学习环境中，青少年才会更加主动地参与思考和探索。

话语客体作为思考的对象，只有身临其境地亲身经历新时代的变局，才

能更好地理解指导思想。因此，教育者需要提供给青少年一个实践的机会，让他们亲身感受到时代的巨大变化，并从中汲取经验。通过亲身经历，年轻人可以更好地理解问题的本质，并在实践中探索解决方案。

（二）关注话语客体心理特征、认知能力、道德状况等的新变化

在新时代的思想政治教育中，要求话语主体成为一名优秀的沟通者。这意味着在教育过程中，话语主体应该淡化自身的相对优势，去体察并理解话语客体的心理特征、认知能力、道德状况等的新变化。这种沟通方式主要是通过使用充满情感基调的话语来更有效地与话语客体沟通和互动。同时，话语主体还应该具备引导能力，能够引导话语客体主动接受指导思想和主流价值观念。

在新时代，教育的目的不仅仅是传授知识，更重要的是培养学生具备良好的思想政治品质。因此，话语主体在教育过程中起到至关重要的作用。话语主体应该摒弃掉传统的权威态度，将自己置身于学生的位置上，深入了解学生的内心世界和认知能力。只有这样，话语主体才能真正与学生进行有效的沟通，产生共鸣。

为了达到更好的沟通效果，话语主体需要使用充满情感基调的话语。这种话语能够打动学生的心灵，激发他们积极参与的欲望。在教育过程中，话语主体可以使用鼓励、赞美和感激等积极的情绪来表达自己的观点，建立友好、信任的关系。这种情感基调的话语不仅能够引起学生的注意，还能够让他们更加愿意去听取并接受话语主体的指导。

除了使用充满情感基调的话语，话语主体还应该具备引导能力。教育的目的是引导学生的思想，使他们能够主动接受正确的思想和主流价值观念。话语主体应该通过言传身教的方式，引导学生形成正确的世界观、人生观和价值观。这种引导不是简单地灌输，而是要通过与学生的沟通和互动，激发他们自我思考的能力，从而主动接受指导思想和主流价值观念。

（三）实现话语方式和人际关系的创新和变革

1.尊重话语客体的主体能动性

参与对话的个体是话语客体的主体，应充分尊重他们，引导他们积极主动地参与交流，并在网络话语空间内实现主客体之间的交流空间。这样可以激发个体的思考和表达能力，促进他们的成长和发展。

2.确立平等、理解的合作关系

对话需要建立在平等和理解的基础上。双方应该尊重彼此的意见和立场，缩短价值认同的理解间距，并通过对话来促进共同的成长和发展。只有建立平等和理解的合作关系，才能够实现真正的对话效果。

3.建立定期沟通机制

为了加强各学段间思想政治教育的协同发展，要在纵向沟通上建立大中小幼各学段间思想政治教育话语主体的定期沟通机制。通过这种机制，可以快速传递和共享思想政治品德状态和教育实施情况等信息，以便及时调整教育的策略和方向。

4.整体意识统摄思想政治教育话语体系全局

这意味着需要将日常思想政治教育内容与网络思想政治教育、大学生日常思想政治教育与大学生网络思想政治教育等进行比对和发展，以确保思想政治教育的全面落实和有效运行①。

二、铸牢共同体，关注新时代国家发展

（一）铸牢中华民族共同体

中华民族共同体是一个历史共同体、命运共同体、发展共同体和未来共

① 崔楠 . 新时代提升网络意识形态话语权研究 [D]. 大连：大连海事大学，2023.

同体①。实现中华民族伟大复兴的中国梦，需要的铸牢中华民族共同体意识为主线。思想政治教育者要以中华民族共同体理念凝聚发展合力，维护中华民族共同的利益。

在新的时代背景下，思想政治教育者面临着新的使命，不仅要传承历史的教训，还要增加文化认同和制度自信。因此，新时代思想政治教育话语体系要讲好历史和中国精神。

历史是一个国家和民族文化的瑰宝，要通过讲好历史故事，让人们深刻理解中华民族的艰辛奋斗和辉煌成就。只有通过学习历史，才能更好地传承中华民族的文化传统，并增加对中华民族共同体的认同感。

与此同时，中国精神也是思想政治教育的重要内容。中国精神体现了中华民族的核心价值观和文化特征，包括对和平、团结、公平、正义和奉献的崇尚。思想政治教育者要通过讲述中国精神的故事，激发人们的爱国情怀和民族自豪感。只有通过中国精神的传播，我们才能增强中华民族的凝聚力和自信心。

让中华民族共同体意识转化为实际行动任重道远。中国精神力量要转化为物质力量，推动中华民族走向更大汇聚力、更强包容性的共同体。这需要在经济发展、社会进步、文化传承等各个方面加强努力。同时，要注重培养青年群体的共同体意识，让他们成为中华民族伟大复兴的主力军。

（二）构建人类命运共同体

人类命运共同体是一个体现人们追求美好生活和社会公平愿望的概念。随着全球化的推进，世界逐渐变成了一个利益高度交融的共同体。但全球化也带来了一系列的问题，如出现逆全球化思潮、表现出对全球化的不满和抵制。

面对新的挑战，新时代的思想政治教育应该解读和推介“人类命运共同

---

① 顾星欣，陈明慧 . 聚文化之光创时代之新 [N]. 南京：新华日报，2024-01-27（004）.

体”的概念。它描述了人类共生共荣的新发展格局，并力图构建一个开放、包容、自由、安全、和谐、共赢的宜居世界。人类命运共同体的建立需要全球各国的共同努力。中国作为一个拥有丰富经验和智慧的国家，有责任将自己的经验和故事传播出去，为世界提供一种可行的解决方案和行动纲领。通过分享中国智慧和中国方案，全球社会可以从中受益。

互联网空间的利用也是传播人类命运共同体理念的重要手段。通过扩大传播范围，增强中国声音和中国故事的吸引力和感染力，中国可以获得更广泛的理解、接受和认同。通过互联网的力量，人类命运共同体的理念可以跨越国界，影响更多的人。

三、推进“大思政课”，关注新时代思想政治教育变革发展

（一）着力推进“大思政课”网络学习平台建设和产品开发

近年来，教育管理信息化已经成为教育领域的发展趋势。为了确保教育管理的顺利进行，并推进教育工作的有效实施，需要建立一个“中央统筹、分级推进、逐级负责”的教育管理信息化责任体系。这一责任体系将有效整合各级各类教育机构，确保信息的快速传递与共享。同时，通过建立有效的沟通机制，各级教育管理者将能够更好地履行责任，并推进教育管理信息化工作。

为了提供优质的教育资源，要整合各类教育教学资源，构建线上线下相结合的立体育人框架。这一框架将通过整合线上和线下的学习资源，为学生提供全方位的学习机会。通过线上课程、线下实践和社会实践等方式，学生能够在不同环境下进行学习和实践，提高他们的综合素质。

同时，可以利用新媒体和新技术，拓展第一课堂和第二课堂的教育方式，提升网络学习平台的黏合度、服务力和吸引力。通过使用互联网平台，学生可以随时随地进行学习，无论是在校园内还是在家中。这种灵活的学习方式

将极大地提高学习的效果，并提升学生的学习动力和积极性。

为了推进思想政治教育的发展，可以利用思想政治教育网络直播平台和短视频平台，助力思想政治教育新阵地的运用。通过网络直播和短视频的形式，可以将思想政治教育的内容传递给更多的学生。这样，学生将能够更深入地了解和学习思想政治教育，提高他们的思想政治素养。

互联网可以被转化为“大思政课”的最大变量。通过互联网，可以将思想政治教育的内容传递给更广泛的受众，并促进公众对于思想政治教育的关注与参与。这将有助于培养学生正确的思想政治观，并确保他们能够在未来的发展中健康成长。

（二）着力做好“大思政课”教学规划和建设

课程思政一直是高校教育中的关键问题，进行课程思政教学的转变是当前教育改革的重点。将课程思政的教学方式从传统的独白式教学转变为对话式教育的极为重要。通过学生与教师之间的对话交流，能够更好地激发学生的思考和主动性，培养学生的批判性思维和创新能力。同时，要在课程思政的组织管理、团队建设、教学质量评价等方面进行深化。这样做可以更好地实现课程思政的目标，并提高教学的质量和效果。

此外，要构建课程思政育人体系，这个体系应该面向所有高校、所有学科专业和广大师生，形成多方联动支持的机制，以推动课程思政的长期发展。根据不同院校、学科、专业的特殊性制定适合的课程思政实施方案。避免僵硬执行和跟风模仿，充分挖掘各具特色的思政元素和资源，才能更好地实现课程思政的效果。还要提升课程思政的时代性和开放性。随着社会的变化和发展，课程思政需要紧跟时代的步伐，积极引领学生的价值观和道德观念，并与国家和社会的发展目标相结合。

（三）着力善用社会大课堂，设立一批“大思政课”实践教学基地

首先，着力设立“大思政课”实践教学基地和一体化基地，旨在整合各

类资源，提供多元化的实践教学环境。这不仅可以丰富学生的学习经验，还能够提高思政课程的针对性和实效性。

其次，打破思政课堂与社会大课堂之间的壁垒，使思政课程能够走出课堂，进入社会大课堂。这样的举措有助于增强学生对社会现实的了解和认识，培养他们的社会责任感和创新能力。同时，以期通过这种方式来提高课程的质量和实际效果。

再次，应积极加强与政府、其他学校和社会机构之间的合作，引入各类社会资源到“大思政课”中。这样一来，不仅可以为学生提供更加广泛的学习机会，还可以促进不同领域之间的交流和合作，实现资源共享和互利发展。

最后，强调思政课程的实践品格，特别注重解读和审视当前社会热点问题。通过引入各类专家团队和特邀嘉宾，如院士专家、大国工匠等，进一步提高思政课程的实践性和针对性。这样的举措有助于使学生更好地理解和应对社会变化，培养他们的批判思维和问题解决能力。

第三节　创新话语范型构成

一、发展话语理念

（一）坚持价值引领理念

坚持价值引领理念的关键点是多方面的。思想政治教育应该与社会价值和个人价值有机结合。这意味着教育应该与现实社会的需求和个人的发展目标相匹配，既要符合社会发展的需求，又要满足个人的价值追求。思想政治教育应该回应人们对个人价值的问题和疑虑。人们对于自己的人生价值有着种种疑问和困惑，思想政治教育要能够给出理论上的引导和实践上的支持，帮助人们找到自己的价值认同和方向。思想政治教育要增强主流意识形态的感染力和影响力。主流意识形态是社会共同的价值追求和行为准则，思想政治教育要提高其吸引力和说服力，使更多的人能够接受主流意识形态并将其转化为自己的行为准则。个人主义不能带来真正的幸福，人们需要在与他人的关系中受到正确思想的引导、核心价值观的指引。个人主义强调自我利益和独立，但只有在与他人建立良好的互动关系和积极参与社会活动中，才能实现真正的幸福。思想政治教育要帮助人们树立正确的价值观念和道德观念，推动良好的人际关系和社会秩序。思想政治教育应该向先进的思想和意识形态学习。随着社会的发展，思想观念和意识形态也在不断演变，思想政治教育要及时更新教学内容和方法，跟上时代的步伐，学习和引导先进的思想和观念。思想政治教育也要关注社会主义社会成员的内心成熟。社会主义社会的特点是个人与集体的关系紧密相连，思想政治教育要培养社会主义社会成员的内心成熟，使他们能够正确地认识自己、理解集体的价值，并在实践中做出正确的选择和行动。思想政治教育还应该帮助人们找到充分的理由去接受正确的观点，避免错误理念的引导。在信息时代，人们面临着各种各样的信息和观点，思想政治教育要帮助人们进行正确的思辨和判断，提供充分的理由和依据，避免被错误的观点所误导。思想政治教育要使人们成为积极创造者和历史的自觉创造者。思想政治教育不仅要培养人们具备良好的思想觉悟和理论素养，更要引导人们能够主动参与社会实践和历史进程，成为积极的社会创造者和历史的自觉创造者。

当前，思想政治教育话语体系急需回归个人和社会的道德理想。为此，要围绕人民关注的问题展开讨论，并为他们提供解决问题的方向。与此同时，也要以灵活的方式进行具体问题、具体客体的分析和解释，使话语体系更加有效地传达到人们心中。要实现这一目标，需要不断拓宽民间渠道，让更多有责任感的人民成为话语传播的主体。他们可以在各个领域发声，从而推动思想政治教育的深入开展。通过这种方式，使更多的人参与进来，为话语体系增添新的智慧和力量。同时，思想政治教育话语主体也应成为社会主义核心价值观的倡导者、示范者和践行者。通过引导道德规范和社会责任，他们可以为社会发展提供正确的方向和道德引领。在推进思想政治教育话语体系的过程中，要认识到，只有将个人和社会的道德理想融入其中，才能真正让话语体系与人们的日常生活产生共鸣，并为他们提供有益的指导。这样，才能实现思想政治教育的目标，不断推动社会的进步与发展。

（二）坚持人文关怀理念

人文关怀理念在思想政治教育中的重要性不可忽视。思想政治教育不仅仅是对知识的传授和灌输，更重要的是关注每个学生的个体差异和成长需求。人文关怀理念强调对学生的关注、理解和尊重，激发学生的潜能和自信心，培养个体的全面发展。

“人文关怀”在思想政治工作中的应用是一个由教育人向关怀人的转变过程。现在，思想政治工作更加注重人的尊严和权益，通过关怀学生的情感需求、家庭背景和生活经历，提供全方位的思想指导和支持，促进学生的健康成长。

新时代中国特色社会主义对人文关怀的重视体现了对传统文化中的人文关怀的继承，同时也培育和践行适应时代发展特征的人文价值观。特别是“人民至上、生命至上”的重要思想，为思想政治教育提供了强有力的精神支撑。

新时代中国特色社会主义注重人文关怀，体现在不同层面。在国家政策层面，中国特色社会主义强调反对唯GDP论，提出了“人民美好生活需要”概念，将人的全面发展放在优先位置。在教育体制改革方面，特别是高校思想政治教育，鼓励教育者将人文关怀理念贯穿教育教学全过程，关注学生的个体需求和人格塑造。在社会层面，中国特色社会主义强调构建和谐社会，推动社会公平正义，通过努力为每个人提供平等的发展机会和资源，满足人们的基本生活需求，促进社会和谐稳定。

1.在话语内容上增加人文内涵

新时代思想政治教育关注政治话语与人生存境遇的关系。它强调了人的主体自由、平等和发展，以实现人的全面自由发展为目标。在教育中，它注重关心人、理解人、尊重人、信任人，培养人的独立性和创造性。同时，它将人作为教育的对象和主体，突出了人的重要性。

在实践中，新时代思想政治教育尊重和关心人，致力于培养和教育人。人的自由全面发展被视为社会和个人发展的根本目标和利益。因此，在教育内容设置上，它加强了思想道德教育，强化了心理健康教育和人格教育。

此外，新时代思想政治教育也尊重话语客体日趋复杂、多元的合理利益需求。通过有效引导，教育人们正确对待自己、他人和社会。同时，它要求个人在思想和行为上保持先进性，不断追求进步和发展。

2.在话语方法上注重人文关怀

思想政治教育的创新是围绕满足人的精神发展需求展开的。为了更好地实施这项教育，需要根据不同的话语对象选择合适的话语方式。不再只采用主体起主导作用、单向灌输的方法，而是更多地使用体验式、交互式、咨询式、渗透式等教育手段。

在考虑个体的差异性时，要正视其认知差距、个性、道德、思维和视野等方面的差异。这意味着应该重视引导话语对象通过感知、思考、探索等方式进行自我教育。通过这种方式，可以更好地满足他们的需求并促进他们的成长。

在教育中，应强调学习和感悟做人的道理，并将其转化为追求真善美的内在驱动力。这样一来，话语就不再停留在思想、观念层面，而是更加接地气。这种接地气的话语形式有助于推动教育和实践相互促进的发展。

3.在话语环境上营造人文氛围

良好的环境对人的全面发展至关重要。在新时代，思想政治教育的话语体系不再局限于家庭和校园，而是要整合社会力量，营造健康积极的人文氛围。这一目标可以通过社区文化活动和城市文化节等方式实现，这些活动有助于宣传主流文化，并提供更大的公共空间来进行思想政治教育。

新时代的思想政治教育话语体系不仅从物质上介入话语环境，也从精神上照顾和尊重人，体现人的尊严和价值。在现实和网络的话语环境中，需要团结群众，动员精神力量，积极参与中国特色社会主义的建设。

（三）坚持互联网理念

1.接纳互联网的传播特点

互联网对人们的思维方式和价值观念产生了深刻的影响。作为互联网用户，追求的是信息共享、资源开放以及跨界流量。在互联网传播的数据中，人们能够表达个性化的观点，并且其言论也带有一定的思想倾向和价值导向。

面对新时代的挑战，思想政治教育的话语体系需要创新，要拥有开放的态度和长远的眼光。可以将互联网中碎片化的信息转化为有益补充知识结构和教育素材。同时，将互联网技术与传统的口头和书面能力相结合，可以提升思想政治教育的话语体系研究能力。

在互联网教育过程中，应该关注话语的传播路径、文化心理以及身份认同危机。互联网教育所产生的话语传播可能会影响学生的文化认同和心理状态。因此，要认真研究和关注这些问题，以确保互联网教育的有效推进。

2.关注网络舆论的向下兼容

近年来，盲目模仿和低俗化娱乐化炒作对社会产生了恶劣的影响。这种现象对社会秩序和公德心造成了不良影响。为了应对这一问题，应重视思想政治教育，同时也需要倾听民意，以凝聚共识。针对“键盘侠”群体，要认清他们的立场限制。尽管他们可能对社会问题持有强烈的意见，但不能纵容他们进行人肉搜索和网络暴力行为。相反，应该呼吁对“键盘侠”的行为进行限制和教育，以维护网络环境的和谐与健康。在舆论场中，思想政治教育往往难以与情绪相抗衡。这使得思想政治教育面临巨大的挑战。但也不能因此放弃努力。相反，应该加强对公众话语的引导，以提高公众的理性思维能力和辨别能力。此外，要学会换位思考，处理与话语客体的关系，并追求反馈以提升自己的话语能力。换位思考意味着要站在对方的角度上思考问题，以便更好地理解其观点和需求。同时，还应注重回应和反馈，以不断提高自己的表达能力。

3.打造思想政治教育信息服务平台

信息服务平台是为满足话语客体的学习需求而建设的数字阵地。建立这个平台的主要目的是方便用户获取各种思想政治教育的信息资源。平台强调开放共享的理念，意味着它致力于汇集并配置各种权威的解读和全面的教育资源。

在这个平台上，用户可以轻松地获取各种权威的话语解读和资源供给。这些资源可以帮助用户进行判断和验证，使他们能够形成自己的观点和立场。用户可以通过使用这个平台来引入不同立场和价值观导向的话语，以便进行比较，从而得出对真相和事实的准确判断。

为了丰富平台资源，可以借鉴高校的优质公开课等内容。这些课程通常提供丰富多样的学习材料和资源，可以为平台的用户们提供更多的学习选择。这样一来，用户们就能在平台上找到更多适合自己需求的资源，从而更好地满足他们的学习需求。

二、深化话语内容

（一）深化主流意识形态教育

1.辨明众声喧嚣背后的非主流意识形态的具体属性，采取针对性措施

在当今社会，不同意识形态的交织与碰撞是不可避免的。在这种复杂的背景下，需要通过辨明非主流意识形态的属性，准确把握社会思潮的走向。

为了实现这一目标，可以采取多种手段，并结合说服、教育、引导、宣

传等措施展开工作。通过有效地向公众传递正确的信息和价值观，引导他们树立正确的世界观和人生观。

对于保持思想道德基础的稳定，要防止正误是非混淆。也就是说，须明确界定什么是正常的思想观念，什么是不被接受的极端观点。只有在这种界定的基础上，才能构建起稳定而健康的社会秩序。

维护社会秩序的安定和谐是首要任务。要加强法治建设，确保公民的合法权益得到保障。同时，也要加强公民素质教育，培养公民的责任感，共同维护社会的稳定和谐。

2.厘清非主流意识形态的表达形式，设计说服、引导等工作的有效路径

非主流意识形态的表达形式具有多样性，对人们的价值观念和行为导向产生深远影响。因此，要正确分析非主流意识形态的历史和现实根源，设立有效的工作路径，同时支持其中的进步思想，以理性的态度应对其存在的现实性。非主流意识形态的表达形式来源于不同的生产主体、传播意图、价值观和利益关系等方面的异同。要梳理这些明确的表达形式，以便更好地理解和引导。为了能够有效地说服、教育、引导和宣传非主流意识形态，要设计出适合的工作路径和方法。这样，才能达到预期的效果。

非主流意识形态的对抗与争鸣具有深刻的影响力，能够影响到人们的价值观念生成和行为导向。因此，应认真对待非主流意识形态，从中汲取有益的思想。在深入分析非主流意识形态的历史和现实根源时，要充分认识到其既有积极面，也有消极面。这样，才能够对其进行合理评判和引导。对于其中的进步思想，应该给予肯定和支持。为其提供必要的平台渠道，以便对其进行解读、研究和宣传，促进进步思想的发展。

3.坚定捍卫主流意识形态的自信和安全

随着时代的进步和社会的不断变化，新时代思想政治教育急需加强主流意识形态对非主流意识形态的引领作用的宣传。这是因为非主流意识形态经

常被一些人误解和混淆，需要提升话语客体的能力来识别和理解这些非主流意识形态，并澄清他们的认识误区和价值困惑。同时，也要顾及日益增长的非主流群体的精神需求，努力提升思想政治教育的针对性和有效性。应该认识到需求是人们行动的内在动力，因此需要调动话语客体接受思想政治教育的积极性和主动性。为了更好地实现这一目标，还要拓宽思想政治教育的内容，与话语客体建立情感和认知共鸣。这样可以更好地满足他们的精神需求，增加思想政治教育的吸引力和影响力。思想政治教育的话语主体应该扎根于思想和群众之中。这意味着应该与普通群众进行沟通和互动，了解他们的真实需求和关切，同时将自己的观点和价值观融入他们的心智中，以真正实现思想政治教育的目的和意义。

（二）加强理想信念教育

在人类文化中，人们趋同于接受共同的价值观、信仰、方向、实践和体制。为了创新思想政治教育话语体系，要加强话语传播意识和正确导向。这样的理想信念教育能够凝聚人心，确立远大的理想和共同的信念。它符合中国特色社会主义的目标。

为了实现新时代的思想政治教育话语体系创新，需要采用多种手段来引导理想信念教育，并保障人才培养和社会主义人才安全。通过加强话语传播和正确导向，能够确保理想信念教育的有效传达和理解。这将有助于培养具备正确价值观和信念的人才，使他们为国家和社会做出贡献。

理想信念教育具有重要的意义，它能够引导个体拥有正确的理想和信念。通过教育，能够培养出热爱祖国、热爱人民、热爱社会主义的志愿者和领导者。他们将投身于社会主义事业中，为实现中华民族伟大复兴的中国梦而努力奋斗。

理想信念教育不仅对个体有益，也对国家有好处。在一个国家中，每个人都具备正确的理想和信念，将会形成强大的凝聚力。这种凝聚力将使国家在面临困难和挑战时能够团结一致，战胜困难，取得胜利。理想信念教育也有利于建立和谐、稳定、繁荣的社会，实现全体人民的共同富裕。

1.树立中国特色社会主义共同理想

在新时代的建设进程中，中国特色社会主义共同理想是指导方针，决定了我们应该“举什么旗，走什么路”。为了更好地实现这一目标，新时代思想政治教育应将共同理想贯穿于教育全过程中。

首先，新时代思想政治教育需要引导人们深入了解现实和历史，从而更好地理解共同理想的内涵和意义。通过对社会主义现代化国家建设的实践经验的学习和研究，人们能够更加清楚地认识到共同理想与国家前途、民族命运以及人民幸福的紧密关系。

其次，新时代思想政治教育还应该帮助人们将个人理想与共同理想有机结合起来。个人理想是每个人内心深处对于自己未来的期许和追求，而共同理想则是社会全体成员共同的追求和目标。通过思想政治教育的引导，人们能够在实践中将个人理想与共同理想相融合，为实现社会主义现代化国家建设做出自己的贡献。

最后，新时代思想政治教育的核心任务之一是培养人们坚持理想信念，并实践推动工作的意识。只有坚定地信仰共同理想，才能够在工作中不断努力，为社会主义现代化国家建设贡献自己的力量。

2.用马克思主义中国化最新成果武装头脑

中国特色社会主义进入新时代，充分证实了马克思主义的真理性和科学性。在这个背景下，新时代思想政治教育的话语主体应将前沿的理论成果纳入其中，以丰富教育内容和引导学生的理想信念。

为了取得较好的理想信念教育效果，教育话语内容应涵盖信仰、信念和信心。通过对这三个层面的培养，引导学生培养崇高的精神追求，使他们在思想上更加坚定、自信和自律。

新时代思想政治教育话语体系在展开时，应围绕三个层次进行。首先，要把准历史坐标，让学生了解和认识中国特色社会主义进入新时代的背景和意义，进而培养他们对马克思主义真理性和科学性的认同。其次，要领会国家发展使命，引导学生思考自己在国家发展中的责任和使命，并激发他们为实现国家发展目标而努力奋斗的热情。最后，要找准个人发展定位，帮助学生认清自己的优势和兴趣，并为实现个人理想和人生价值提供指导。

通过新时代思想政治教育的引导，话语客体应学会思考、善于分析和正确抉择，使其在面对各种问题和挑战时能够稳重自持、从容自信并保持坚定的自我激励。通过对生命意义和社会价值的思考，理想信念将指导实践，助力共同理想的实现。学生应通过思考人生的真正意义和个人在社会中的价值实现，明确自己的追求目标，并为之努力奋斗。

3.用实践证明真理

我国的思想政治教育话语体系需要以一种人们喜闻乐见的方式，来展现中国特色社会主义的成就以及现实生活中的变革①。“我国特色社会主义的成就”这一概念是指在特殊的历史条件下，我国取得的一系列政治、经济、文化、社会等领域的成就。而“现实生活的变革”是指在改革开放以来，我国经济发展的迅速变化以及人民生活水平的提高。

思想政治教育话语体系要增强大学生、农民工、干部等不同群体的主动追求和发展马克思主义的意识、自信心、自豪感。这意味着要引导这些人群从自身的价值观、行为准则以及对社会的认知等方面，深入理解和把握马克思主义的精髓和核心价值。同时，也要引导他们对世情、国情和社情进行理性地反思，正确认识历史趋势。要帮助他们从客观实际出发，理性地观察和分析社会现象，准确把握社会变革和发展的规律。最重要的是，要激励他们

① 王子辰.马克思主义意识形态的说理逻辑及其话语权的提升研究[D].安庆：安庆师范大学，2023.

积极投身中国特色社会主义的伟大实践，为实现民族复兴和国家发展贡献智慧和力量。在实现中华民族伟大复兴的进程中，每一个人都需要发挥自己的作用，为国家的繁荣和发展贡献自己的智慧和力量。

（三）推进法治教育

1.加强青少年法治教育，长期、全方位、潜移默化地发挥教育影响

新时代思想政治教育在社会发展中起着至关重要的作用，对于培养青少年正确的价值观和意识形态具有重要意义。作为话语主体，应当担任好主心骨角色，为青少年树立正确的教育理念，传播法治思想。

首先，要积极引导青少年学法、知法、守法。只有通过深入了解法律知识，才能增强青少年对社会主义事业的情感和认同。应当激发青少年对法律的兴趣，通过精心设计的教育活动和讲座，向他们讲解法律的重要性以及对个人和社会的影响。同时，要注重培养青少年的法律意识，通过案例分析、角色扮演等方式，让他们亲身体验法律的力量和作用。

其次，要遏制盲目追星、饭圈文化中违法违规和违背社会公序良俗的网络行为。在当今社会，网络文化已经成为青少年重要的精神食粮，但其中也存在许多不良现象。因此，要引导青少年保持清醒的认识，教育他们辨别是非，明辨是非。既要加大对网络行为的监管力度，对违法违规的网络行为予以惩罚，也要加强青少年的自我教育和自我约束能力，提高他们的思辨能力和道德意识。

再次，要阐明法律纠正社会道德风尚的立场。在社会发展中，法律是约束和规范社会行为的重要手段。要通过教育宣传，让人们了解到法律的存在和作用，明确法律对于社会稳定和公平正义的重要性。尤其对于那些被不良网络文化误导的人，要用正确的观念引导他们纠偏，让他们认识到良好的社会道德风尚对于社会的意义和影响。

最后，要引导青少年树立价值观。思想政治教育的目标之一就是引导青

少年树立正确的价值观。要培养他们的社会责任感和公民意识，引导他们关注社会热点和社会问题，积极参与社会实践和公益活动，培养他们的社会责任感和公民意识。

2.推广法治社会教育，服务建设美好社会的价值目标

在现代社会中，法治教育是贯彻落实依法治国方略的重要工具，它在推动法治向良法善治转变中发挥着重要的软实力作用。特别是在新时代思想政治教育中，要加大全民普法力度，强化全民的法治意识。思想教育和说理启发是推动法治教育的关键手段。通过教育系统的合理引导，可以帮助民众对法律和道德规范形成深入的思想认同和理念共识。这种教育应该注重培养公民对法治的思维方式和运用法治方式解决问题的能力，让每个人都能够在日常生活中追求美好的生活。

3.加强涉外法治教育，为参与全球治理体系改革和建设做好准备

随着中国在全球舞台上的崛起，国际交往的频繁和涉外问题的增多，加强涉外法治教育成为当务之急。首先，要提高“走出去”的法律风险防范意识和能力。在国际交往中，了解和遵守国际法律是非常重要的，否则会面临诸如国别风险、合同风险等一系列问题。加强对涉外法律的学习和了解可以帮助我们更好地应对这些法律风险。

其次，要为参与全球治理体系改革和建设做好准备。作为一个大国，应该积极参与国际事务，推动全球治理体系的公正与合理。要做好这一点，需要具备相应的法律知识和能力。这样，才能更好地留意并发挥自己的作用，与国际社会一起建设一个更加和谐繁荣的世界。

再次，统筹推进国内法治和涉外法治的重要性不能忽视。不能只注重国内法律的制定和执行，而忽略了国际法律的重要性。国内法治和涉外法治应该相互促进，互为支撑。

然后，培养人才的涉外法治意识也是至关重要的。涉外法治意识是指人

们对于国际法律的认知和理解。对于培养有涉外经验和法律素养的人才，应该加大投入和支持。这样，才能在国际舞台上更好地代表中国利益，并赢得国际话语权和影响力。

最后，遵循国际法治是增强国际话语权和影响力的关键。国际社会主义法治是国际社会共同遵循的规则和原则，要严格遵守这些规则，以此来获得国际社会的认可和信任。这样，才能在国际事务中更加自信地行动，为世界和平与发展做出更大的贡献。

（四）延伸生命教育

1.主动参与生命教育，把准生命教育切入点

生命教育是一种关于人类生存、尊重和责任的教育形式。应认识到，关心生命、培养责任感、提供知识教育、情感培养在培育良好社会基础上是不可分割的。尤其是在当今国家和全球公共安全格局下，更要重视生命教育的重要性。

生命教育不仅仅是个人的责任，也是每个社会成员的责任。在这方面，赞美那些以生命赴使命、用挚爱护苍生的人们是必要的。他们是构筑守护生命的力量，为社会稳定和繁荣做出了巨大的贡献。

另外，在现代社会，还要寻求个人生命与国家和民族命运的有机融合。建立一个富有责任感和关爱精神的社会，需要每个人对自己生命的认知和对国家和民族的承诺相结合，以更好地为中国特色社会主义建设投身。

2.分阶段、立体化指导生命教育，抓实生命教育结合点

生命教育被认为是教育的最高追求，其目的在于关注个人的生命质量在国家和民族层面所产生的影响。为了解决个人在不同成长阶段所面临的问题、困惑和危机，生命教育需要针对婴儿期、幼儿期、儿童期、青年期和成人期提供相应的服务和指导。

针对不同阶段的需求，生命教育应采用分阶段的方式来满足个人的生命

和成长需求。这包括与时俱进的学科课程、专题活动和实践活动。通过这些活动，个人可以获取相关知识和技能，增强对生命的认同感和责任感。

此外，生命教育还需要利用媒体，如新闻、电视和网络等，来保护个人的人身、财产和信息权益。特别是在网络时代，网络安全教育变得尤为重要。生命教育应该致力于构建良好的网络环境，防止负面信息的泛滥，同时加强对网络安全的教育。

3.提倡终身学习教育，掌握生命教育全生态

多年来，随着社会发展和科技进步的加速，终身学习的重要性逐渐得到广泛认可。为了满足人们不断变化的学习需求，国家构建了多种终身学习平台，提供丰富多样的学习素材，方便个人进行选择和针对性学习。这些平台的建设为个人的学习提供了更多便利和机会。

然而，仅仅依靠外部的推动和资源并不足以让个人实现持续学习和成长。个人需要将外部的学习要求转化为内在的自觉，将学习视为一项贯穿人生始终的事业。只有将学习融入个人的核心价值观和生活态度中，才能真正做到持续学习。当面对实践和国际化的挑战时，个人更需要全方位协同并进，提升自己的学习能力。要做到这一点，个人需要通过系统化的学习来接受新事物和新观念，并掌握新技能。在这个信息爆炸和竞争激烈的时代，没有学习能力的个人将无法适应变化和不断进步的要求。

在信息时代中，自媒体平台是一个重要的工具。个人可以利用自媒体平台打造个人IP（知识产权），构建属于自己的知识网络和知识分享系统。通过自媒体平台，个人可以分享自己的学习心得和经验，与他人进行学习交流，进而扩大自己的影响力和学习机会。这不仅有助于个人的持续学习，还可以为其他求知者提供借鉴和启发。

三、丰富话语形式

媒体融合是一种有效的传播手段，它通过将不同媒体的内容、手段和技

术进行有效结合，以多样化的形式将信息传播给受众。这种融合不仅可由学院派教育者运用，也可通过非学院派实践者来实现。两者都主张运用满足差异化需求的话语形式，以吸引人们的关注和兴趣。因为，只有充满针对性的话语才能提升话语的实际功效。

媒体融合对于新时代思想政治教育的话语体系来说非常关键。通过全媒体形态的传播，可以将“三全育人”理念广泛传播，增加传播力和影响力。媒体融合能够深化和延伸思想政治教育的内容，使其更贴近受众，更有吸引力。这种传播方式不仅能够让人们更加全面地了解思想政治教育的重要性，还能够激发他们对这个话题的兴趣和思考。

媒体融合的关键是要选择合适的媒体形式和技术手段，以最大限度地提升传播效果。不同媒体有不同的特点和优势，能够满足不同受众的需求。在媒体融合中，需要充分发挥各种媒体的优势，将它们结合起来，形成一个有机的整体。这样能够使内容更加生动有趣，吸引人们的注意力，达到更好的传播效果。

（一）用个性化、代入式话语融合全程

1.满足个性化需要，突破时空尺度

随着信息技术的迅速发展和社交媒体的普及，思想政治教育的话语传播方式也发生了转变。传统的教育渠道已不再满足当代学生接收信息的需求，因此，思想政治教育需要转变思想观念，借助多种媒体、平台以及渠道进行话语内容的生产和传播。

应打通传统渠道与全媒体渠道在话语内容生产、运营管理等方面的壁垒，推进高质量的融合，真正突破时空尺度。这意味着要充分利用在线平台、社交媒体、移动应用等工具，为学生提供丰富多样的学习内容。通过多媒体的形式，如，视频、音频、图片等，将思想政治知识生动地展现给学生，激发他们的学习兴趣和参与度。

在向学生讲授和传播马克思主义思想时，可以适时适量地开展启发式讨论、话题式研讨，在引发学生的关注和学习期待的同时，也能够提高学生的思辨能力和创造力。此外，通过播放教育相关的视频片段或提供试读、试看等活动，可以更好地激发学生对思想政治教育话语的兴趣和热情。

在正式学习阶段，师生间的交流和反馈应成为思想政治教育流程的必备环节，延长教育的有效周期。学生不仅需要接受知识的灌输，更需要有机会表达自己的观点和思考。通过讨论、辩论和互动等形式，可以促进学生在思想政治教育中的积极参与和全面发展。

2.代入式解读，加深同理共鸣

马克思主义及其中国化成果的关注点是人民大众对美好生活的需要，并致力于回应他们的关切和解答困扰。为了实现这一目标，要以理解马克思主义理论和中国化为基础，以澄清资本、资本主义、劳动价值等概念的本质为前提，并引导人们审视现实情况，形成理论自觉、政治信念和科学思维方式。通过借助马克思的异化理论解释年轻人的日常生活问题，可以引导他们将马克思主义视为生活的指南。

代入式解读是推动马克思主义大众化发展的一种重要手段。通过这种方法，可以帮助人们理解马克思主义的核心思想，并紧贴中国发展的脉搏，为中国特色社会主义建设做出贡献。同时，也能向世界介绍中国对马克思主义的解读和实践，宣传中国道路和中国经验。

（二）用空间化、精准化话语构建全息

1.满足空间化传输，突破物理尺度

利用多维成像、物联网和大数据等先进技术，可以建立一个思想政治教育内容资源的大数据平台。这个平台可以收集和整理各种形势的思想政治教育内容，如文本、图片、视频等，将其以数据的形式呈现出来。通过这种方式，可以为学习者提供多角度和全方位的学习材料，突破物理尺度的限制，

满足学习者的各种学习需求。

建立思想政治教育话语主体与内容资源大数据平台之间的积极互动是很重要的。这个平台可以不仅提供内容资源，还可以与学习者进行互动，例如提供学习引导、答疑解惑等功能。学习者可以通过平台与其他学习者进行交流和讨论，共同提高。这种互动可以使思想政治教育变得更加生动活泼，提高学习者的积极性和参与度。

为了更好地传播思想政治教育内容，要采用多元化的形式，并适配不同的技术平台的传播生态环境。例如，可以将思想政治教育内容以图文形式发布在微信公众号上，以视频形式发布在各大平台上。这样可以使更多人接触到思想政治教育内容，增强传播效果。此外，还要调整内容的风格、形态和包装，避免简单搬迁和输出形式单一。可以根据不同学习者的需求和喜好，设计出更加吸引人的内容形式。例如，对于年轻学习者，可以采用更加生动有趣的形式进行教育，如动画、游戏等。对于成年学习者，可以采用严肃、深入的方式进行教育，如理论研究、案例分析等。通过这样的调整，可以更好地吸引学习者的注意力，提高学习效果。

2.精准化解读，扩大受众范围

重构思想政治教育话语内容以满足需求差异是非常重要的。为了实现高质量内容与高品质学习的匹配，要对传统的话语内容生产传统进行重新构建。

首先，思想政治教育的话语主体应该灵活运用宣传媒体的组合。除了传统的图书形式外，还可以运用影视、动漫、有声读物和短视频等多种形式，以建立立体化的媒体宣传矩阵。通过多样化的表达方式，能够更好地满足不同人群的需求，提供更具有吸引力和有效性的教育内容。

其次，可以通过组合使用不同的媒体平台，例如，数字出版、微博和抖音等，来实现思想政治教育内容的立体呈现。这样做不仅可以更好地传播主流意识形态的价值观，还能够借助各个平台的影响力来扩大教育内容的影响范围。

最后，还可以通过打造知名IP来增加教育内容的影响力。通过将思想政治教育内容转化为有影响力的IP形象，能够吸引更多人的关注和参与，从而推动更广泛的思想政治教育活动。

（三）用普及化、有趣化话语覆盖全员

1.满足普及化传播，突破个体尺度

随着智能终端的普及，思想政治教育的话语主体可以借助智能终端应用来实现多对多地传播、增强交互性。在话语主体中，包括理论研究大家、宣传单位、媒体等，他们扮演不同的角色和职责。同时，话语客体也应涵盖不同年龄层次的人群，如老年、儿童、青年和成年人。在全员意识方面，它是话语主客体建设的重要方面，并需要针对不同群体推出分众化的内容。

思想政治教育的重点对象是少年和儿童，因此需要提供丰富的精神食粮和话语资源，以发挥立德树人的优良传统。通过智能终端的应用，可以将理论研究大家的思想作品、宣传单位的宣传内容、学术团体的研讨成果以及媒体的报道等呈现给少年和儿童。同时，也可以利用智能终端的互动功能，进行在线问答、讨论交流，以增强学习的参与度和效果。

此外，年龄层次的扩展也是关键，将话语主客体延伸到00后、10后的群体，可以更好地满足他们在思想政治教育方面的需求。通过智能终端应用，可以提供适合他们年龄特点和认知能力的内容，引导他们形成正确的价值观和世界观，进而促进他们健康成长。

2.有趣化解读，迎合传播风尚

幽默风趣的普及语言不仅在国内产生积极影响，也能在国际上产生正面影响。有趣化的解读方法能够吸引国际学生的兴趣，促进国际交流，进一步加深国际社会对中国特色社会主义事业的了解和认可，为中国特色社会主义的发展提供良好的推动力。

（四）用立体化、故事化话语实现全效

1.满足立体化传播，突破生态尺度

在当今信息化社会中，媒体技术和载体是传播思想和教育内容的重要工具。为了更好地传达思想政治教育的核心内容，要借助现代技术手段，例如，视频、音频等元素，来丰富话语内容的形式和内容。通过使用网络技术，可以将丰富的视听信息融入话语中，使其更具宣传力和吸引力。通过增加多媒体元素，如视频、音频等，可以使思想政治教育话语更生动、形象，引起受众的兴趣和注意力。视频可以通过图像、声音和文字等多种形式来展现内容，帮助学生更好地理解和接受。音频也可以用于播放讲座、演讲或音乐，通过声音在听觉上给予学生更丰富的体验，提高话语内容的吸引力。

为了满足不同学习偏好和媒体形式的需求，可以推出一系列的话语内容，涵盖不同的主题和形式。为学生提供多样化的选择，例如，漫画、卡通、小说等不同形式的内容，以满足他们的多样化需求。同时，可以针对不同年龄、不同学科内容的学生设计不同形式的话语内容，以提高话语内容的适读性。

除了提升媒体形式和内容外，组织一系列理论普及活动也是实现马克思主义大众化矩阵式发展的重要途径。

2.故事化解读，避免抽象说教

故事是一种强有力的工具，它能够通过感人的情节和生动的描写来打动人心。在解读哲学史、哲学流派和哲学家的思想时，采用故事化的方式可以使抽象的概念和理论更加直观和易于理解。通过故事，人们可以更好地把握哲学思想的核心和内涵。通过具体的案例和事件有助于丰富马克思主义的思想内涵，使其更加符合现实世界的复杂性。故事化解读能够使马克思主义真正成为人们认识和探索世界的理论指导。

马克思和其他伟大的哲学家一生都在不懈地为全人类工作，他们的生平事迹是人们学习的楷模。讲故事的目的就是通过马克思等人的事迹来指导人

们思考时代问题和人生困惑。通过了解马克思的思想和行动，人们能够真正感受到马克思主义作为指导思想的价值。故事化解读不仅仅是为了让人们了解哲学思想，更重要的是通过这些故事激发人们学习、思考和行动的动力。

第四节　开拓话语行为维度

一、立足学科体系发展，深化理论场域话语

社会主义实践的不断调整和变革，需要将思想政治教育理论与中国实际和历史文化传统相结合，并适应时代的需求。为了更好地解释中国道路和指导思想的科学性，要在学科体系的基础上深化理论研究。这就要研究话语主客体关系和话语价值，加强学科的理论基础。探讨话语产生的主观与客观因素之间的关系，以及话语所带来的价值和影响。这样的研究有助于更好地了解思想政治教育的本质和功能。同时要研究话语评价优化，以丰富学科的方法论。这将提供解决实践问题的理论依据。通过对话语的评价进行研究，可以确定何种方式和标准可以更好地评价和优化思想政治教育的效果。这样的研究有助于提出更有效的教育策略和方法。此外，还要研究话语的内容和载体，以进一步发展学科的话语方式和话语结构。这将在学科水平上推动思想政治教育的发展。要关注话语的内容，包括思想观念、价值观念和道德观念等方面的内容，以确保思想政治教育的内容更加全面和符合时代需求。同时，要关注话语的载体，包括教材、课程和媒体等方面的载体，以确保思想政治教育的传播方式更加切合实际和有效。

（一）夯实理论基础，回应现实问题

1.调动基础理论研究的主动性，攻克思想政治教育学科的理论难题

调动基础理论研究的主动性和积极性，攻克思想政治教育学科的理论难

题是当前学科发展的重要任务。通过加强理论研究，可以深化对思想政治教育的认识，提升学科的学术水平和研究质量。

为了达成学科共识，需要形成创新研究范式。这意味着在研究方法和研究内容的选择上要有新的突破，不断探索新的理论框架和研究视角。同时，要加强学术交流和合作，促进学科内外不同学派的融合，形成一种具有共同理念和研究方向的学科共识。

在理顺时代新人培育和立德树人的内在关系方面，需要深入研究教育规律和培养模式。理解时代新人培育是立德树人的具体实践，而立德树人则是时代新人培育的根本目标和要求。通过研究二者的内在关系，可以有效提升思想政治教育的实际效果。

为了加深时代新人培育和规律研究的内涵，需要深入研究新时代背景下思想政治教育的特点和需求。只有深入把握时代变革对教育产生的影响，才能有效指导思想政治教育的工作。此外，还要加强对思想政治教育规律的研究，探索新时代下培养思想政治教育人才的方法和途径。

为了提升研究的质量和深度，需要引入创造性实践研究。这意味着不仅要关注研究的数量扩大，还要注重研究的质的提升。通过深入实践调研和实际问题解决，可以为学科研究提供更加具体和实践性的支撑，从而推动学科走向深入发展。

相关研究对于指导实践走向创新具有重要意义。通过对思想政治教育相关问题的深入研究，可以为实际工作提供科学的指导和方法。通过借鉴国内外的成功经验和探索，可以促进思想政治教育实践工作的创新发展，为培养时代新人提供更好的思想政治教育服务。

2.加强和实践工作者的沟通交流，积极回应现实问题

理论研究者在课程思政中扮演的首要角色之一，是与实践工作者进行密切的沟通交流。通过与实践工作者的对话，理论研究者能够了解实践中的需

求和问题，并及时回应这些问题。只有与实践工作者建立良好的沟通渠道，理论研究才能更好地为实践问题解决提供智力支持和实际贡献。

理论研究者在进行理论研究时，要避免学科自说自话的现象，而应将理论研究与实践问题相结合，为实践提供解决方案。理论研究的价值在于解决实际问题，并为社会发展做出贡献。因此，理论研究者需要注重实践问题的研究，以提供智力支持和实际贡献。

相关理论问题的建构应基于现实工作的新需求。随着社会的不断变化，新问题和新挑战层出不穷。理论研究者应将目光聚焦于现实工作的需求，使理论建构更具有针对性和实际意义。通过推进理论问题的深化发展，理论研究者能够更好地回应实际问题，并为实践提供支持和贡献。

在课程思政领域中，理论研究者应当澄明理论迷惑，进行概念辨析和内涵阐释。通过深入研究，澄清相关概念的含义和内涵，以保证理论的准确性和可操作性。通过概念辨析和内涵阐释的工作，理论研究者能够更好地指导实践工作者，并为课程思政的发展提供思想基础。

理论研究者在课程思政中还应深入学理逻辑和内在规律的建构。要研究和分析新时代课程思政的发展趋势和规律，并提供相关的分析和预判。通过对学理逻辑和内在规律的深入建构，理论研究者能够为实践工作者提供更有针对性的指导，推动课程思政的健康发展。

（二）澄清学科边界，加强学科建设

1.划定研究领域

思想政治教育作为马克思主义理论的一个重要组成部分，在当代社会仍然具有重要意义。为了深入研究这一领域，要将思想政治教育作为马克思主义理论一级学科下的二级学科进行研究。这里的研究将围绕人的发展和社会发展展开，包括政治、文化、人的思维等多个层面意识形态属性。

2.提炼研究问题

在研究思想政治教育之前，要提炼出研究的问题。通过分析思想政治教育的理论、实践以及与之相关的社会实践，可以提取出其中存在的问题，明确学科的问题意识，并形成学科的研究问题域。

例如，可以研究思想政治教育政策。政府和相关机构制定的教育政策对于思想政治教育具有重要影响，因此研究这些政策的制定、实施和效果是一个热点问题。要考虑如何制定出能够有效促进思想政治教育发展的政策，并评估这些政策对于培养学生的思想政治素养和塑造良好的社会价值观的影响。

又如，研究思想政治教育的质量。要关注思想政治教育教学过程中的问题，例如，教育资源的分配是否平衡，教师的专业素养是否达标，学生是否能够有效地吸收所学内容等。通过研究这些问题，可以提出改进思想政治教育质量的方法和建议，为教育实践提供指导。

（三）鼓励学科交叉，促进学科融合

1.鼓励多学科交叉融合

在当今社会科学研究领域，鼓励多学科交叉融合已经成为一种趋势。多学科交叉融合能使研究者从更宽广的角度来解决社会问题，提供更全面的解决方案。

一方面，引入不同学科领域的理论是促进多学科交叉融合的关键。通过将不同学科的理论结合起来，可以提升学科的思维方式和能力。例如，在教育研究中，引入心理学的参与机制和受话心理等方法，可以突出教育效果和学科研究方法的有效性。这些不同学科的理论相互融合，为研究者们提供了更全面深入的理解，从而推动学科研究的创新发展。

另一方面，推动话语传播的创新发展也是多学科交叉融合的重要目标之一。随着互联网技术的不断发展，传播途径越发多样化，传播方式也变得更加复杂。因此，跨学科合作变得至关重要。与语言学、互联网技术和传播学

等领域的交叉合作，能够帮助研究者更好地理解和解决话语传播过程中的问题。通过共享研究成果和合作创新，学科研究可以更好地应对信息时代的挑战。

2.催生新的交叉学科

新时代思想政治教育理论话语应积极与其他学科理论和方法进行融合，催生新的交叉学科，产生新的研究成果，推动思想政治教育学科深化和细化，提升学科交叉研究的针对性和实效性[①]。

二、重视网络民意表达，拓展网络场域话语

（一）坚守网络话语阵地，强化阵地意识

1.深入分析国内外生态环境的新变化和新特征，牢牢掌握网络舆论主导权

内部生态环境指的是网络平台、用户群体和内容生产者群体等因素，而外部生态环境则包括政治、经济、社会等因素。在深入分析的基础上，可以更好地了解舆论场的情况，制定相应的引导策略。

2.体察话语客体知识、价值的新变化和新特征，加强网络舆论引导

随着信息时代的到来，知识和价值观念也在不断演变。要深入研究和理解公众对不同话题的关注点和需求，以及他们参与舆论争议的动机和心理。只有根据这些新变化和新特征来引导网络舆论，才能更好地影响公众的思想趋势。

3.审视、正视现实问题的挑战，加强教育传播活动的有效监管

网络舆论的影响力是双刃剑，可以为社会进步带来积极作用，但也可能产生不良影响。因此，要加强对教育传播活动的监管，确保其真实、准确和客观。同时，也要敏锐地审视和正视现实中存在的问题和挑战，通过舆论引

① 崔楠．新时代提升网络意识形态话语权研究 [D]. 大连：大连海事大学，2023.

导来解决这些问题。

（二）动员各方面力量参与营造更加清朗的网络空间

1.了解、把握网络空间和群体的特点、发展规律，开拓教育空间

在当今数字化时代，网络空间已经成为人们生活中不可或缺的一部分。为了建设清朗的网络空间，要理解和把握网络空间的特点和发展规律，深入了解网络空间的特点和发展规律，还要全面把握网络群体的发展规律。网络群体是指通过网络平台进行交流和互动的一群人。通过理解和研究网络群体的发展规律，可以更好地把握网络社区的运作机制，并为教育空间的开拓提供借鉴。

为了实现教育空间的开拓，要主动深入到网络社区。通过参与网络社区的活动，利用网络社区为教育目标制定和实施相关计划，并促进教育资源的共享。通过在网络社区的积极参与，可以更好地开拓教育空间，推动教育领域的创新和发展。

为了营造良好的网络环境和舆论氛围，可以借助主流媒体的力量。主流媒体是指社会上具有广泛影响力和传播力的媒体机构。通过主流媒体的报道和宣传，引导公众形成正确的网络价值观念和行为规范，营造清朗的网络“软环境”。同时，主流媒体也可以通过报道和评论引导公众关注社会热点问题，促进社会的进步和发展。通过主流媒体对文化环境的塑造，可以引导公众形成积极向上、进取创新的文化氛围

2.认真研读各项重要会议精神，了解网络空间发展新动向

新时代思想政治教育者在建设清朗网络空间方面，需要采取一些举措。首先，应深入理解国家规定和重要会议精神，以此为指导，积极建设良好的网络生态。这包括不传播违法违规内容，不散布谣言和虚假信息，不传播不良内容。通过自发的约束和自律，维护网络空间的纯净和健康。

其次，新时代思想政治教育者应当不断学习和了解知识产权的重要性，

正确认识和维护自身的合法权益。在网络空间中，要直接面对消费者和私域社交模式，建立和维护自己的个人品牌。通过提供有价值的内容和服务，树立良好的形象，赢得信任和支持，从而拓展自己的影响力和声誉。

其次，新时代思想政治教育者还应积极开展向上向善的价值观传播活动，以话语客体为对象。可以通过撰写文章、发表演讲、参与讨论等方式，向更多的人传达正确的价值观念和思想理念。这些活动应当注重内容的高质量和针对性，以引导人们树立正确的思想观念，增强社会共识。

最后，新时代思想政治教育者在推动网络空间清朗化方面，还需要调动学生的积极性和主动性。可以借助互联网平台，组织各种形式的公益活动、社群互动等，引导大众参与其中，共同营造清朗的网络空间。通过广大人民群众的共同努力，网络空间的清朗化目标得以实现。

3.要进一步加强网络话语传播平台的建设

在网络时代，加强和建设网络话语传播平台是十分重要的。要建设思想政治教育网络平台和数字化教学科研管理平台，这样才能为思想政治教育提供一个良好的传播平台。这些平台应该具备先进的技术设备和丰富的资源，以便能够满足人们学习和交流的需求。利用这些平台上丰富的话语资源，可以实现思想政治教育话语主体和客体之间的互动交流。通过网络，学生和教师可以直接进行思想交流、答疑解惑，从而更好地提升教育的实效。

加强网络话语传播平台的建设可以巩固马克思主义的指导地位，推动社会主义意识形态的主导地位。在这些平台上，可以推广和宣传马克思主义的理论，让更多的人了解和学习马克思主义的思想，从而进一步巩固其指导地位。与此同时，也要注重社会主义意识形态的传播，让社会主义的理念深入人心。

此外，还需要创新发展思想政治教育话语体系，并按照正确的道路和方向进行发展。随着时代的发展，要不断更新教育的内容和形式，以适应新的社会需求。只有坚持正确的方向，才能使思想政治教育更加有效地发挥作用。

三、厘清教育脉络发展，创新教育场域话语

（一）尽可能实现精准化灌输

1.针对进行目标差异化分析，了解不同目标群体的差异化需求

随着社会的发展和教育的进步，思想政治教育在培养学生综合素质和思想道德水平方面起着举足轻重的作用。针对不同目标群体的差异化需求，要面向多样化的思想政治教育实践场域，并深入思考如何有效开展相关工作。

首先，对于不同目标群体的思想政治教育需求，应该关注并积极思考如何满足它们的差异化需求。不同群体对于思想政治教育的关注点和重点可能存在差异，因此要针对不同群体的需求，制定相应的教育方案和教育内容。

其次，在明确育人目标的表述上，要明确、具体，并避免过于笼统或缺乏区分度的问题。育人目标的明确有助于更好地制定教育计划和教学内容，确保思想政治教育的质量和效果。

再次，针对不同类型、学段、学科、专业课程教学的思想政治教育目标差异，要根据实际情况，在培养目标上进行区别。不同类型、学段、学科、专业的学生往往有不同的特点和需求，因此要有针对性地制定教育目标和教育方案。

最后，还应区分学校思想政治教育和宏观层面的思想政治教育，如，企事业单位、农村等，以及微观层面的思想政治教育，如社区、家庭等。思想政治教育不仅仅局限于学校教育，也需要在其他领域展开。因此，要针对不同场域和层次的思想政治教育，制定具体的教育计划和教育方法。

2.适应话语客体学习、阅读、生活方式的变化，进行个性化的灌输内容设计

在当前的教育环境中，为了加强学科性和科学性，提高教育话语场域的

话语权共享，以及重视思想政治教育的主阵地，构建思政课程与专业课程同向同行的一体化育人机制是迫切的需求。

对于思政课程和专业课程而言，利用教材进行积极的创造性建构非常重要。通过有效地运用教材，可以引导学生对话题进行深入思考和探索，从而增强学科性和科学性。教师可以引导学生根据预设的结论来发展话语客体，从而提高学生对于知识的理解和应用能力。

思政课程在思想政治教育的主阵地上应得到重视，并与其他课程形成协同效应。思政课程可以通过深入讲解典型人物和事迹，为学生提供强大的精神力量。典型人物和事迹尤其能激发学生的专业自信和人民至上、生命至上的意识。因此，将思政课程与专业课程紧密结合起来，可以使学生在专业领域的学习中培养正确的价值观和职业道德。

构建思政课程与专业课程同向同行的一体化育人机制，还需要推进思政课程教学改革和课程思政网络教育平台的建设。教师应深入研究并不断改进教学方法，以适应学生不断变化的需求。同时，应加强对思政课程的网络教育平台的建设，为学生提供便捷的在线学习资源和交流平台，以促进学术和思想的交流。

（二）推进教育话语场域的整体性和系统性贯通

1.时间维度

近年来，新时代思想政治教育逐渐重视人才核心素养的培育，并致力于实现不同学段之间的有效衔接。在这一领域，北京进行了一体化探索，并取得了可喜的成效。例如，在创新素养培育方面，北京开展了一系列探索，取得了显著的成就，为思想政治教育提供了有力的支持。

同样，上海在民族精神教育和生命教育方面也进行了积极探索，并初见成效。这些举措展现了上海在思想政治教育方面的先进性和积极性。

新时代思想政治教育的主体应通过理论研究和实践推进来达成全周期育

人体系的共识。这意味着需要深入研究思政教育的理论基础，同时注重将理论与实践相结合。只有理论研究和实践推进相互协调，才能形成全面的育人体系，并取得更好的效果。

为了不断提升思想政治教育的质量和影响力，思想政治教育共同体应不断拓展合作范围，优化学校教育资源的配置。建立大中小学思政课一体化建设教师实训基地、大中小幼思政教育一体化建设联盟等共同体，能够增强大中小思政教育一体化研究和实践的组织性。通过这种共同体的建立，可以更好地整合思政教育资源，提高教育质量，为学生提供更优质的教育服务。

2.空间维度

近年来，学生的作业负担和校外培训负担不断增加，给学生们带来了巨大的压力。面对这个问题，学校、家庭和社会都有责任。学校应当审慎制订作业计划，避免盲目追求作业量的增加，而要注重质量和效果。家长在教育子女时，应该关注学生的身心健康，避免一味地追求成绩。社会应该提供更多的关于减负的知识和方法，引导学生们正确面对学习和培训的压力。

在日常工作中，要强化家庭、学校和社会的协同育人意识。学校应该与家庭建立良好的沟通渠道，了解学生的需要和困惑，同时也向家长传递有关减轻作业和培养的信息。家长应该积极理解学校的教育理念和方法，与学校保持密切联系，共同解决学生面临的问题。同时，社会也需要提供支持，如提供丰富多样的教育资源和活动，为学生提供更多的发展机会。只有学校、家庭和社会齐心合力，共同努力，才能更好地减轻学生的负担，培养他们成人成才所需的能力和品质。

四、提升学术研究品质，规范学术场域话语

（一）建制与时俱进的学术规范

思想政治教育话语主体的角色在不同阶段有所细化。最早，他们被称为

政治辅导员，主要负责引导学生的政治思想。随着时代的发展，他们的身份逐渐转变为马克思主义理论课教师，致力于传授马克思主义的理论知识。

这些思想政治教育话语主体通过各种学术交流和发表活动，逐渐形成了中国特色学术概念、研究方法和理论范式。他们在学术界的贡献不仅仅体现在教学上，更涉及独特的学术观点和研究成果。这些在学术界的贡献不仅仅是对马克思主义理论的传承与发展，更是对中国思想政治教育的深入探索。

思想政治教育学术规范是话语主体进行学术研究时所遵循的思维范式、方法和规则。随着学科的发展，这些规范也不断发展和完善。这些规范不仅仅是对研究方法的要求，更是对学者在学术领域内的言论、态度、行为等方面的规定。这些规范的建立，是促进思想政治教育学科繁荣的关键。

为了实现学术成果的最大化效果，思想政治教育话语主体在理论普及和研究中应始终遵守学术规范。这包括严谨的研究态度、科学的研究方法和客观的研究结果。同时，还应注重学术交流和学科合作，以推动思想政治教育学科的进一步发展。

（二）抓住学术领域的重点问题

思想政治教育学科的七个研究领域包括：思想政治教育基础理论研究、思想政治教育方法论研究、思想政治教育发展史研究、思想政治教育比较研究、跨领域思想政治教育研究、思想政治教育重大现实问题研究和思想政治教育跨学科研究[①]。这些领域的研究对于推动思想政治教育学科的发展和进步起着重要作用。

学术话语规范与思想政治教育学科的关系密切，学术话语规范通过对学术研究和学科交流的规范，为学科建设提供支持。学术话语规范的合理发展有助于构建一个健康的学术环境，进一步提高思想政治教育学科的学术水平。

国际化是思想政治教育话语的一个重要方向，这包括转化中国话语为更

① 杨帆．高校思想政治教育文化生态研究 [D]. 保定：河北大学，2023.

具共性的话语范式，并将中国话语阐释中国故事和中国经验。通过深化交流和扩大共识，可以提升思想政治教育话语体系的国际化水平。科学化是思想政治教育话语的另一个方向，包括话语内容的科学化、话语形式的简洁化、话语结构的合理化。提高思想政治教育话语体系的科学性，有助于推动思想政治教育学科的发展。

为了打造高品质的话语平台，可以通过创建有影响力的学术团体、教研机构等。这些平台可以为学术话语提供理论和智力支持、传播渠道，以传播话语内容和表达利益诉求。

（三）发挥学术话语的建构作用

中国哲学社会科学的发展离不开立足中国实践、总结中国经验、解决中国问题。为了实现对话体系的创新，思想政治教育作为中国哲学社会科学的重要组成部分，需要发挥其学术话语的价值和作用。同时，处理好不同话语之间的关系，对于促进主流话语的协调、创新和发展至关重要。

加强中国哲学社会科学话语体系的建设，需要构建易于国际社会理解和接受的新概念、新范畴、新表述。这有助于引导国际学术界对中国哲学社会科学的研究和探讨。

通过构建中国哲学社会科学话语体系，能够更好地表达中国哲学社会科学的研究成果和价值观，并进一步推动在国际社会的影响力。这不仅有助于提升中国的学术声誉，还有助于展示中国在思想政治教育领域的创新能力。通过与其他国家学者共同合作和交流，能够实现思想政治教育学术话语的国际化，为中国哲学社会科学的发展注入新的活力。

学术话语在思想政治教育中扮演着重要角色，为了扩大国际影响力，要借助学术话语的力量。但也要从马克思主义的理论视角对西方学术话语传统进行有益汲取，以更好地适应新时代的需求。在学术话语中，应赋予新时代的中国精神和中国内涵，而不是盲目模仿西方，避免邯郸学步或削足适履。

要处理好学术话语和政治话语的关系，使其相互补充和并行不悖。在政治话语中提出的中国方案，要在学术话语中提供包含实施理念和具体措施的学术方案。

同时，对于中国实践和中国道路，要不断提升话语自觉，解释社会现象，并提供价值判断标准。深化对中国特色社会主义建设规律和人类社会发展规律的认识，找出保证中国实践成功的重要条件和独特因素。这样，才能打造一个具有中国特色的学术话语体系，使国内外能够听得懂、记得牢和学得会。最重要的是，要发挥学术话语对时代发展的精神动力和引领作用。通过学术话语，为新时代的发展提供理论支持和智力支持，推动社会进步和文明发展。在这个过程中，应该保持开放的思维，积极吸纳国际学术成果，并将其与中国的实践相结合，为中国的话语体系注入活力。

五、构建大众认同逻辑，开拓实践场域话语

（一）在工作话语中践行体验

1.开发思想政治教育的社会实践话语

开发思想政治教育的社会实践话语，重点是通过社会实践场域来鼓励话语客体参与劳动教育、志愿服务、创新创业等。这样的目的是感受人民日益增长的美好生活需要，激发爱国热情，并培养劳动精神面貌、价值取向和技能水平。通过将实践经验转化为报国之行，使话语客体成为报效国家的行动者。

在高校实践育人共同体的构建中，应有机整合高校与政府、企业及其他社会力量的资源。这样的共同体以实践为保障，旨在培养人才。通过各种实践活动，包括劳动教育、志愿服务和创新创业等，学生可以将在校学到的理论知识应用到实践中，加强对社会的认知，提升自身的能力和素质。

在实践育人的过程中，要注重将实践经验转化为报国之行。通过积极参

与劳动教育和志愿服务，学生可以深刻感受到自己的社会责任和使命，从而成为报效国家的行动者。创新创业则可以培养学生的创新精神和创业能力，为国家发展和社会进步做出贡献。

2，利用实践话语体验加强情感反馈

社会实践话语对思想政治教育的制约作用是非常重要的。通过社会实践，人们可以实际参与到社会中去，亲身体验并理解社会的运作规律。但由于社会实践不断丰富和更新，导致出现了新的实践话语。在利用社会实践话语时，可以带领话语客体进入红色文化基地，让他们身临其境地体验革命先驱的理想信念、奋斗精神和优良作风。这种体验不仅仅是知识的传授，更是一种精神上的熏陶和灵感的激发。通过这种方式，可以更好地实现思想政治教育的目的。

此外，还可以针对不同的地域特色和专业特点开展主题社会实践活动。这样可以引导话语客体将理论和现实结合起来，在实践中加深对专业知识的理解和应用，将所学的知识和技能转化为实际行动。这种方式可以更好地提升话语客体的实践能力和专业素养。

通过社会实践的方式，可以培养健全人格，让话语客体承担起时代新人的历史责任。在社会实践中，他们可以直接面对社会问题，感受到自己对社会的责任和使命感。这样可以促使他们更加主动地关注社会问题，并积极参与到社会建设中去。

（二）在深入群众和服务生活中体现人民立场

1.深入社会和民众，使话语客体接受教育内容

教育的接受环境应该与中国社会的实际情况紧密相关。通过贴近人们的实际生活，教育才能取得更好的效果。传播的效果通常会经历认知、情感和意愿三个顺序阶梯。首先，人们需要通过认知来了解相关信息。其次，情感的产生会影响人们对信息的态度和感受。最后，个体的意愿和行动将受到信

息和情感的影响。

认知、情感和意愿是人们为了生存和发展而进行的生活实践的结果。在实际生活中，人们通过认知来了解世界，通过情感与他人建立联系，通过意愿来实现个人目标。

在思想政治教育中，话语的主体是“通过现存世界的全部文化导向人的灵魂觉醒之本源和根基”①。这意味着教育应该通过现有的文化来引导人们的思想觉醒，使其更好地认知、情感和意愿。为了实现这一目标，教育者需要在生活中注意感知话语的对象的认知、情感和意愿。只有在人们的实际生活中，教育才能更好地满足他们的需求，并产生更好的效果。通过深入了解人们的生活，教育者才能更好地设计教育内容和方法，以实现认知、情感和意愿的培养。

2.服务日常生活，增强中国力量的向心力和凝聚力

在百年未有之大变局中，中国社会面临着各种挑战和机遇。在这个关键时刻，要避免陷入独白型话语，真正服务日常生活，为人民群众解决实际问题。这不仅可以增强中国力量的向心力和凝聚力，还可以使马克思主义者考虑实际生活，考虑现实的确切事实。

为了在阐发真理和传播价值观时更有效地与人民群众进行对话，要针对人民群众的生活话语展开讨论。只有回到生活层面，才能解决人们的疑惑，引导他们形成正确的世界观、人生观和价值观。

思想政治教育是激发话语活力的重要途径。通过思想政治教育，可以通过正视听的方式，引导人们深入思考和讨论重大问题，从而推动社会不断进步。在实践中，也要注重理论与实践的结合。

---

① 崔楠.新时代提升网络意识形态话语权研究 [D]. 大连：大连海事大学，2023.

参考文献

[01] 杨静.新时代思想政治教育话语权建设研究[M].北京：中国社会科学出版社，2023.

[02] 王永进.思想政治教育话语权研究[M].上海：上海交通大学出版社，2023.

[03] 郭苏豫.新媒体环境下高校思想政治教育话语权研究[M].郑州：黄河水利出版社，2017.

[04] 张媛聆.新媒体时代高校思政教育研究[M].成都：四川大学出版社，2020.

[05] 钮雪林.融媒时代高校思想政治教育理论与实践探索[M].北京：中国传媒大学出版社，2022.

[06] 王珂.历史与发展 全过程人民民主的逻辑理路与国际话语权构建[M].上海：上海人民出版社，2023.

[07] 吴贤军.中国国际话语权构建 理论、现状和路径[M].上海：复旦大学出版社，2017.

[08] 邱仁富.思想政治教育话语论[M].上海：上海交通大学出版社，2013.

[09] 范国华.时代变迁与思想政治教育的现代转型[M].天津：天津人民出版社，2016.

[10] 徐正中.高校思想政治教育话语权研究[M].延吉：延边人民出版社，2019.

[11] 张东亮.互联网背景下的思想政治教育话语权研究[M].北京：中国社会科学出版社，2022.

[12] 高姗姗.新时代高校思想政治理论课话语体系创新研究[M].石家庄：河北人民出版社，2023.

[13] 罗永宽.新时代高校思想政治理论课建设研究[M].武汉：武汉大学出版社，2022.

[14] 蒲丽霞.高校思想政治理论课话语体系建设研究[M].北京：人民日报出版社，2022.

[15] 李丽.网络思想政治教育话语权研究[M].长春：吉林大学出版社，2019.

[16] 齐琳娜.网络舆情环境下高校思想政治教育话语权研究[M].郑州：黄河水利出版社，2017.

[17] 孙丽芳.思想政治教育话语转型研究[M].北京：新华出版社，2023.

[18] 龙卫兵，徐莲，张瑶.守正纳新 高校思想政治课教学话语变迁[M].长春：吉林文史出版社，2020.

[19] 孙晓琳.思想政治教育话语发展研究[M].北京：中国社会科学出版社，2022.

[20] 马忠.思想政治教育叙事话语研究[M].北京：人民出版社，2021.

[21] 向绪伟.现代思想政治教育话语研究[M].北京：中国社会科学出版社，2020.

[22] 杨波.思想政治教育话语有效性研究[M].大连：东北财经大学出版社，2022.

[23] 洪波.思想政治教育话语范式转移研究[M].江苏：浙江大学出版社，2012.

[24] 王咏梅.思想政治教育话语发展问题研究[M].沈阳：辽宁大学出版社，2022.

[25] 刘波.思想政治教育网络话语建构研究[M].成都：西南财经大学出版社，2020.

[26] 曾庆桃.新时代网络思想政治教育话语创新研究[M].沈阳：辽宁人民出版社，2023.

[27] 杨敏.露丝・沃达克政治话语分析的学术思想研究[M].北京：中国人民大学出版社，2019.

[28] 董山民.后现代政治话语[M].上海：复旦大学出版社，2019.

[29] 龚莉红.大学生思想政治教育话语转型研究[M].北京：人民出版社，2023.

[30] 袁芳.思想政治教育话语创新论的马克思主义审视[M].北京：中央编译出版社，2018.